公共经济与公共政策 齊魯文庫

李占一　著

博弈视角下的国际公共品供给困境与破解之道

——以国际环境治理为例

On the Supply Dilemma and Solution of International Public Goods from Game Theory Perspective

—A Case Study of International Environment Governance

中国财经出版传媒集团

经济科学出版社
Economic Science Press

图书在版编目（CIP）数据

博弈视角下的国际公共品供给困境与破解之道：以国际环境治理为例/李占一著.—北京：经济科学出版社，2019.5
（公共经济与公共政策齐鲁文库）
ISBN 978-7-5218-0499-7

Ⅰ.①博…　Ⅱ.①李…　Ⅲ.①公共经济学-研究　Ⅳ.①F062.6

中国版本图书馆 CIP 数据核字（2019）第 078798 号

责任编辑：范庭赫
责任校对：杨　海
责任印制：李　鹏

博弈视角下的国际公共品供给困境与破解之道
——以国际环境治理为例
李占一　著
经济科学出版社出版、发行　新华书店经销
社址：北京市海淀区阜成路甲 28 号　邮编：100142
总编部电话：010-88191217　发行部电话：010-88191522
网址：www.esp.com.cn
电子邮件：esp@esp.com.cn
天猫网店：经济科学出版社旗舰店
网址：http：//jjkxcbs.tmall.com
北京季蜂印刷有限公司印装
710×1000　16 开　12.5 印张　170000 字
2019 年 6 月第 1 版　2019 年 6 月第 1 次印刷
ISBN 978-7-5218-0499-7　定价：45.00 元
（图书出现印装问题，本社负责调换。电话：010-88191510）
（版权所有　侵权必究　打击盗版　举报热线：010-88191661
QQ：2242791300　营销中心电话：010-88191537
电子邮箱：dbts@esp.com.cn）

公共经济与公共政策齐鲁文库

编 委 会

顾　问：何盛明　安体富　高培勇

主　任：樊丽明

副主任：刘尚希　李齐云

委　员：（以姓氏笔画为序）

白景明　李士雪　李铁岗　李　文　孟庆跃

赵梦涵　高鉴国　曹现强　楚成亚

总序

年末岁尾，回望2018，波澜壮阔，意义非凡。它不仅是中国特色社会主义事业进入新时代、全面开启发展新征程的元年，也是中国经济逐步驶上高质量发展轨道、总量跃上90万亿元台阶、人均GDP达到1万美元的一年，更是纪念中国改革开放40周年、全面总结改革开放历史经验、深化改革扩大开放再出发之年。

身处伟大新时代，全力做好筑梦人。山东大学公共经济和公共政策研究中心、山东省公共经济和公共政策研究基地的师生们同心同德，将自己的“小课题”与国家改革发展的大目标、大战略紧密联系，将自己的“小论文”与国家财税改革的大问题、大文章密切结合，产出了系列研究成果。此次呈现给读者的是经专家委员会认真甄选，入选“齐鲁公共经济与公共政策文库”和“齐鲁公共经济与公共政策研究报告”的第九批著作。

李齐云教授领衔的《深化税收制度改革与完善地方税体系研究》是历时四年完成的国家社会科学基金重点项目（14AZD023）的最终研究成果。该项研究将深化税收制度改革与健全地方税体系提升到国家治理体系和治理能力现代化的高度加以认识和研究，运用最优税收理论对税收制度设计进行系统分析，并对税制优化和地方税体系建设的核心要素——最优税权配置的基本理论、税权配置模式和最优税权配置评价指标体系等做出了系统阐述，厘清了“税权配置”这一深刻影响税收制度改进的关键性要素的运行机理；通过深入分析部分发达国家和发展中国家的税权配置、税收制度和地方税体系的演化进程，提炼出政治体制模式、地方税管理体制的类型与特征、世界税制改革三个关键要素对地方税体系变迁的影响，从中总结出可供借鉴的经验；对当前我国税收制度状况，尤其是税权配置和税权划分情况及效应、地方税体系的运行情况等进行了深入细致的实证分析，模拟检测了税权配置的不同程度与经济增长的关联度、地方税系和税种的社会经济效应等，为科学界定税收配置和管理权限的必要性和理论假说，并且为我国地方税体系建设提供了坚实的客观佐证；对我国税收制度改革和地方税体系建设的目标、方向、思路和方案进行了系统谋划，并从几个重要税种的设计入手重点勾画了健全地方税体系的构想和策略，旨在为构建适应我国国情的，有利于科学发展、社会公平、市场统一的税收制度体系提供参照方案和对策建议。

李昕凝博士的《金砖国家税制结构变迁：历程、成因及效应研究》，是各国税制结构研究方面有特色、有价值、有新意的成果。作者以艰苦的资料搜集与梳理工作为基础，力求全面细致地分析金砖国家税制结构变迁规律，得出了一些新颖清晰的结论。在税制结构变迁的研究口径、概念分类及量化标准上进行了新探索，明确提出税制结构变迁的比较研究应包含“税收组合结构”与“税收收入结构”，根据前者变迁特点将税制结构变迁分为“剧变型”和“渐变型”，根据后者变迁特点将税制结构变迁分为

“集中型”“平稳型”和“发散型”，并提出了税制结构模式以及税制结构变迁的数量化表达方式；基于大量历史数据分析归纳出金砖国家税制结构变迁路径、类型和特点，运用长面板数据对金砖国家税制结构变迁的成因进行了实证检验，结果显示税制改革、税负水平、经济发展水平、开放度、城镇化率、通货膨胀等主客观因素均对其产生影响，并具有与发达国家不同的特点，且构建向量自回归模型研究了金砖国家税制结构的经济增长效应；综合考虑税制结构变迁的效率与公平效应，探讨了我国“逐步提高直接税比重”的实施路径及效果，对中国提高直接税比重的效率与公平效应做了可计算一般均衡（CGE）模拟。

李占一博士的《博弈视角下的国际公共品供给困境与破解之道——以国际环境治理为例》，是在中国逐步走向世界舞台中央的时代背景下，对分析解决环境治理等国际公共品有效供给进行的有益理论探索。该书构建了博弈理论框架，运用国际公共品理论，深入研究了国际公共品供给问题，分析了影响国际公共品供给与国际合作的主要因素，阐述了博弈困境的产生原因与机理，找到了相应的破解之道，重点回答了如下问题：不同性质的国际公共品由谁提供、如何提供更为有效？产生国际公共品供给不足困境的原因及影响合作形成的具体因素有哪些？国际公共品供给中的不合作博弈向合作均衡转变的条件与措施是什么？对于已经形成的国际公共品供给合作，如何进行收益分配和成本分摊？维持合作继续进展的条件和措施是什么？

朱洁博士的《基于人口流动视角的地方财政平衡研究》是以人口流动作为逻辑起点，着眼于其对流出地、流入地财政收入、支出和平衡的不同影响进行的一项具有很强的现实性、专业性、系统性的研究，旨在为促进地方财政收支平衡提供一种新的政策工具。该项研究阐明，人口流入通过影响地区生产总值和存量资产价格来促进流入地财政收入增加，人口流入通过制度因素和人口流动因素增加流入地的财政支出；分别实证检验了人口流动对地方财政收入和支出的影响，证明了人口流入能够促进地区生产总值和存量资产价格增长，从而使流入地财政收入增加，且能够显著增加消费型支出；综合分析以上两种效应，得出如下结论：人口流入能够提高流入地的财政自给率，而人口流出降低流出地的财政自给率，从而加剧了地区间财力不均等和财政收支不平衡的局面。作者据此提出，实行人口流入地向流出地横向转移支付的政策，将有利于改善我国地区间财政收支不平衡的现状，进而更好地实现基本公共服务均等化的目标。

马磊博士的《我国高等教育扩展影响大学溢价的研究：机理与效应》是针对近年来我国大学生“就业难”“读书无用论”回潮的现实进行的研究。作者根据相关理论基础剖析并阐述了大学溢价的形成与变动规律，对高等教育扩展影响大学溢价的机理与传导路径进行了理论刻画，以高等教育扩展的分流功能作为机理分析的切入点，并基于阿西莫格鲁与墨菲提出的技能劳动相对供需框架，通过多部门模型的经济均衡分析，将高等教育扩展引入技能劳动相对供需框架之中，推导了高等教育扩展影响大学溢价变动的数理模型；从宏观数据、微观数据两个层面分别进行回归分析，对我国高等教育规模扩展影响大学溢价进行了效应检验。大学溢价显著存在说明了选择上大学、接受高等教育在当今仍然是一项相对收益丰厚的人力资本投资行为，这一点对高等教育工作者来讲是一种欣慰。高等教育扩展与大学溢价变动之间的作用关系，如果结合考虑高校毕业生的专业结构开展比较研究将会更加完善，对高等教育未来发展更有参考意义。

总的来看，这批著作选题视野宏阔，研究领域广泛，但都表现出学者学生对国家公共经济与政策重大问题的现实关切；研究方法各异，材料异彩纷呈，但都体现着学者学生对现代化国家公共治理规律及制度的探索追寻。就将它们作为我们团队献给祖国改革开放40周年的礼物吧。

谨此为序。

樊丽明

2018年末于泉城

摘要

伴随着以网络信息、空间技术等为代表的新科技革命浪潮，人类已全面步入全球化时代，世界的联系更加紧密。但全球化这把“双刃剑”也给人类带来了新的挑战，全球气候变暖、国际金融危机、国际传染病、大规模杀伤性武器扩散以及国际恐怖主义等问题成为各国政府和人民共同面临的难题。解决全球性问题的过程往往就是供给国际公共品的过程，国际公共品已成为全球化不可分割的组成部分，对国际公共品的需求日益增加，但国际公共品供给严重不足，供需之间的矛盾也日益凸显。因此，如何适应全球化浪潮，有效解决超越传统主权国家范畴的国际公共品供给与需求之间的矛盾，成为全世界共同应对的严峻挑战。当前国际公共品主要由发达国家主导提供，中国参与程度还不够；而中国积极参与到国际公共品供给与国际治理中，既是维护自身利益与保持快速发展的需要，也是树立“负责任大国”形象的需要，同时也为我国赶超发达国家创造了良机。因此，应加强对国际公共品供给的理论研究，以此为指导积极参与国际公共品的提供，以加快融入全球化进程。

我国对国际公共品问题的研究起步较晚（樊丽明等，2003），主要局限于基本概念和政策措施的研究，或仅针对特定公共品进行分析，缺乏系统的经济学研究；同时国内学者运用政治学与国际关系学方法对该问题进行探讨的较多（樊勇明，2008，2010；蔡拓等，2012），经济学研究较少。而国外学者的研究成果代表了发达国家的利益，是否适用于中国现实以及全球化背景下众多的发展中国家，还需辩证看待；同时对该问题的现有博弈研究基本建立在静态非合作博弈框架之下，缺少合作博弈研究与动态分析。

针对现有研究的不足，本书构建了博弈理论框架，运用国际公共品理论，深入研究了国际公共品供给问题，分析影响国际公共品供给与国际合作的主要因素，阐述了博弈困境的产生原因与机理，寻求相应的破解之道，并对以下几个问题进行回答：(1) 不同性质的国际公共品由谁提供、如何提供更为有效？(2) 产生国际公共品供给不足困境的原因是什么？影响合作形成的具体因素又有哪些？(3) 国际公共品供给中，不合作博弈向合作均衡转变的条件与措施是什么？(4) 对于已经形成的国际公共品供给合作，如何进行收益分配和成本分摊？维持合作继续进展的条件和措施是什么？

本书共7章。第1章为引言，主要论述问题缘起、本书研究方法、研究思路与大体框架等。第2~4章为本书分析的理论基础与前提，梳理了国际公共品的基本理论、国际公共品的供给研究与博弈分析、国际环境治理的一般理论与博弈研究等文献成果，并分别对国际公共品供给中的非合作博弈与合作博弈进行了理论分析。第5、6章为现实分析，分别以全球温室气体减排和莱茵河国际治理合作为例，在第3、4章的理论基础进行了国际环境公共品供给案例研究，比较了国际环境治理合作的成败因素。第7章为结论与政策建议，对全书进行了总结，并思考了中国在国际公共品供给中所应该扮演的角色和采取的策略，最后提出了促进合作、破解博弈困境的政策建议。

本书的创新点主要表现为如下几点：(1) 摒弃了原有的以非合作博弈方法对国际公共品供给问题的研究范式，同时引入非合作博弈与合作博弈理论方法的分析框架对该问题进行研究，并据此提出了破解供给困境的对策。(2) 本书较为系统地从理论研究角度解释了国际公共品供给合作中的种种现象与问题。(3) 本书是跨学科的理论研究，以经济学为主，以公共品理论为研究基础，采取博弈论方法，并结合政治学与国际关系学进行了相关研究。

目　录

第 1 章

引 言

1.1 问题的提出

20 世纪 50 年代以来，随着科学技术的快速进步，特别是现代化交通运输的发展与信息技术的普及，人类社会已进入了全新的发展阶段——全球化时代。整个世界的运行方式发生了重大变化，各国紧密地联系在一起，相互间的依赖和影响程度不断加深。然而全球化就像一把“双刃剑”，在增进国与国之间的交流、提高全球资源流动性与配置效率方面提供了许多便利的同时也带来了新的问题和挑战。全球气候变暖、国际金融危机、国际传染病、大规模杀伤性武器扩散以及国际恐怖主义等全球性问题成为各国政府和人民共同面临的难题，任何国家都不能独善其身。这些问题往往与国际公共品关系密切，因为治理环境污染、建立国际秩序、消弭金融危机、控制疾病蔓延、维护世界和平等解决全球性问题的过程就是供给国际公共品的过程。国际公共品已成为全球化不可分割的组成部分，逐渐突显出重要作用。随着国际开放程度的提高，对国际公共品的需求日益增加。但在供给方面，国际公共品的成本往往超过了单个或几个国家的承受能力，相关国家无力也不愿承担供给责任，导致国际公共品供给严重不足；并且，相关理论研究尚不成熟，实践中也缺乏有效的供给机制与充足的资金来源，使得问题更加难以解决。因此，如何适应全球化浪潮，有效解决超越传统主权国家范畴的国际公共品供给与需求之间的矛盾，成为全世界需要共同应对的严峻挑战，中国也不能置身事外。

然而，每一次重大历史挑战的背后总隐藏着同等的发展机遇。中国作为世界上最大的发展中国家，在维护自身利益的前提下肩负起“共同而有区别的责任”，积极参与到国际公共品供给与国际治理中，找准中国的角色与定位，不但是维护自身利益与保持快速发展的需要，也是树立“负责任大国”形象的需要，同时也为我国赶超发达国家创造了良机。当前国际公共品主要由发达国家主导提供，并未充分考虑不同国家在不同阶段的特殊国情，具有很大的片面性；而中国参与的重要国际公共品的决策和供给较少，未能从中充分受益。因此，中国应加强对国际公共品供给的理论研究，以此为指导积极参与国际公共品的提供，以加快融入全球化进程，充分分享全球化利益，并在此过程中增强国家“软实力”，提高国际影响力。立足中国现实、放眼世界，对国际公共品理论进行系统研究，既是对我国财政学与经济学理论体系的丰富，也是新时期全面深化改革、适应国际形势的必然要求。

在理论研究方面，国际公共品的概念源于萨缪尔森（1954）① 的一般公共品理论。但传统的国家公共品理论主要关注一国范围内公共品的筹资与供给，对于超越主权国家范畴的国际性物品关注较少。伴随全球化的发展，许多国际性问题表现出明显的外部性，相关国家均能从中受益，因此普遍采取“搭便车”策略导致跨越国界的公共品供给不足。1999 年之后，理论界对跨越国境的公共品问题的研究逐渐升温（Cornes，2008②）。国际公共品理论

① Samuelson P A. The pure theory of public expenditure [J]. The review of economics and statistics, 1954: 387 - 389.

② Cornes R. Global public goods and commons: theoretical challenges for a changing world [J]. International Tax and Public Finance, 2008, 15 (4): 353 - 359.

被认为是理解诸多跨境和国际问题的方式与协调国际反应的需求，被用来描述全球环境问题、国际金融秩序稳定、国际和平与安全、市场效率以及人权等诸多问题（Long，2009①）。西方许多学者对国际公共品的基本理论（Kaul et al.，1999②；2003③）、供给机制（Sandler，1998④）等进行了研究，并侧重使用静态非合作博弈研究方法（Sandler，2004⑤），取得了较为丰富的成果。而与国外相比，我国对国际公共品问题的研究起步较晚（樊丽明等，2003⑥），主要局限于基本概念和政策措施的研究，或仅针对特定公共品分析，缺乏系统的研究；同时国内学者运用政治学与国际关系学方法对该问题进行探讨的较多（樊勇明，2008⑦，2010⑧；蔡拓等，2012⑨），经济学研究较少。现有研究存在着以下三点缺陷：（1）缺乏对国际公共品的系统的经济学研究；（2）现有理论主要由西方学者提出，但经济学理论的建立和发展必然与特定经济环境、历史时期脱离不了关系，因此，国外的理论主要代表了发达国家的利益，是否适用于中国现实以及全球化背景下众多的发展中国家，需要辩证地看待；（3）对该问题的现有博弈研究基本建立在静态非合作博弈框架之下，很少涉及向合作均衡转化的研究。

---

① Long D, Woolley F. Global public goods: critique of a UN discourse [J]. Global Governance: A Review of Multilateralism and International Organizations, 2009, 15 (1): 107-122.

② Kaul, I, Grunberg I and Stern M A. Global public goods: international cooperation in the 21st Century [M]. New York: Oxford University Press, 1999.

③ Kaul, I and Conceicao, P, etc. Providing global public goods: managing globalization [M]. New York: Oxford University Press, 2003.

④ Sandler T. Global and regional public goods: a prognosis for collective action [J]. Fiscal Studies, 1998, 19 (3): 221-247.

⑤ Sandler T. Global collective action [M]. Cambridge University Press, 2004.

⑥ 樊丽明，石绍宾. 关于国际公共品供给与消费的研究综述 [J]. 经济学动态: 2003: 11.

⑦ 樊勇明. 区域性国际公共产品——解析区域合作的另一个理论视点 [J]. 世界经济与政治，2008 (1): 7-13.

⑧ 樊勇明. 从国际公共产品到区域性公共产品——区域合作理论的新增长点 [J]. 国际政治经济学，2010 (1): 143-152.

⑨ 蔡拓，杨昊. 国际公共物品的供给：中国的选择与实践 [J]. 世界经济与政治，2012 (10): 95-115.

本书立足前人的研究成果，打破原有框架，以传统公共品理论为基础，运用非合作博弈与合作博弈理论相结合的方法，尝试进行较为系统的研究，并对以下几个问题进行回答：(1) 不同性质的国际公共品由谁提供、如何提供更为有效？(2) 产生国际公共品供给不足困境的原因是什么？影响合作形成的具体因素又有哪些？(3) 国际公共品供给中，不合作博弈向合作均衡转变的条件与措施是什么？(4) 对于已经形成的国际公共品供给合作，如何进行收益分配和成本分摊？维持合作继续进展的条件和措施是什么？

1.2 国际公共品的概念界定及特征

1.2.1 国际公共品的概念界定

国际公共品（international public goods）概念源于一般公共品理论，很多学者对此进行了界定。现有文献中，“国际公共品”概念最早见于奥尔森等（Olson et al.，1965）以北约（NATO）为例对国家间共同维护安全的研究[①]，随后 Olson（1971）正式提出“国际公共品”概念并用于分析提高国际合作激励的问题[②]。桑德勒（Sandler，1980）也使用了“国际公共品”这个提法，并从公共品视角讨论了相关的国际政治、经济问题，如国际环境、卫生等[③]。金德尔伯格（Kindleberger，1986）提出，国际公共品包括贸易体系、国际货币、资本流动、宏观经济政策以及危机管

① Olson，M. The logic of collective action：public goods and the theory of groups [M]. Cambridge，MA，Harvard University Press，1965.

② Olson M. Increasing the incentives for international cooperation [J]. International Organization，1971，25 (4)：866－874.

③ Sandler，T. The theory and structures of international political economy [M]. Westview Press，1980.

理等[①]。斯蒂格利茨（Stiglitz，1995）指出国际公共品包含以下五项内容：国际经济稳定、国际政治稳定、国际环境、国际人道主义援助以及科技知识[②]。世界银行（World Bank，1999）在其报告中提及，凡具有跨国正外部性的商品、服务、资源、政治体制以及规章制度等就是国际公共品。此类物品必须通过发达国家与发展中国家联合提供，并且对于发展和消除贫困具有重要作用[③]。诺德豪斯（Nordhaus，1999）则认为，除非竞争与非排他性外，还需具有某种存量才能称之为国际公共品，如污染存量、知识存量、生物和基因存量、货币体系的声誉存量以及制度存量等，这些存量具有外部性与长期性，历史的积累影响当前的状况[④]。更广为接受的定义是由考尔等（Inge Kaul et al.，1999，2003）提出的：国际公共品是这样一些物品，在空间上，其所涉及对象包括不止一个国家团体；从成员组成看，扩展到几个，甚至全部人群；在时间上，既包括当代，又包括未来数代，或至少在不妨碍未来数代发展的情况下满足当前几代[⑤]。

综合前人的研究，本文将该概念界定为：国际公共品是指具有外部性的物品、服务、行为或制度等，对其受众而言具有消费的非竞争性与受益的非排他性，并且其影响范围包括两个及两个以上的国家，乃至全球。其中，非竞争与非排他性属于公共品的一般性质，也是公共品的根本特征；而影响范围涉及至少两个国家的跨国性，则是国际公共品的特有属性[⑥]。在本文研究中，我们认为国际公共品最重要的供给主体是主权国家，这是由国际公共品的特点决定的，但私人

① Kindleberger C P. International public good without international government [J]. American economic review, 1986, 76 (1): 1-13.

② Stiglitz J E. The theory of international public goods and the architecture of international organizations [M]. Department for Economic and Social Information and Policy Analysis, United Nations, 1995.

③ World Bank. World development indicators 1999. World Bank, Washington, DC, 1999.

④⑤ Nordhaus W D. Roll the DICE again: the economics of global warming [J]. Draft Version, 1999: 28-39.

⑥ 在此并不强调代际性，因为如“禽流感”的国际防治、跨流域洪水治理等国际公共品并无明显代际性。

部门和非政府组织也可以成为部分国际公共品的供给者①。而国际公共品的需求者，其直接表现形式为主权国家，但具体受益者包括该国范围内相关利益主体，如居民（个人）、企业、政府部门或其他组织等。

另外，在“国际公共品”“全球公共品（global public goods）”以及“跨国公共品（transnational public goods）”中，本书选择了“国际公共品”的说法。理由如下：（1）在地理意义上，国际扩展到所有国家，即成为全球，因此国际公共品可分为两个或多个国家之间的国际公共品、区域间国际公共品以及全球国际公共品三个层次。（2）“国际”是相对主权国家而言的，不仅表现为空间范围的扩大，更强调了公共品供给主体与核心由单个主权国家扩展到多国，从而在供给机制方面发生了重大变化。（3）从时间上来看，国际公共品的出现早于全球化浪潮，当然全球化背景使得国际公共品得到了更快的发展，并产生了深刻的影响。

1.2.2 国际公共品的特征及其在研究中的意义

国际公共品理论是在传统经典的公共品理论上继承和发展起来，由国家公共品演进而来，是其在全球化背景下拓展延伸的结果。因此国际公共品必然具备一般公共品的特征，但又拥有自身的某些特点。

1.2.2.1 国际公共品具有公共品属性

国际公共品首先是公共品，具有非竞争性和非排他性。国际公共品是由国家公共品的受益范围向外扩展到多个国家或全球而形成的，从某种意义上来说，它可以被视为跨国境的国家公共品，或通过国家公共品进行国际合作的结果。国际公共品的范围

① 通过网络传播知识、科技与信息等内容，是私人和非政府组织供给国际公共品的典型例子。

十分广泛，可以按照非排他性与非竞争性，将部分国际公共品归于“纯”国际公共品，而另外一些归于“准”国际公共品。例如全球温室气体减排、“SARS”的国际防治等，可以使全球每个国家都从中受益，具有典型的非排他与非竞争性，可视为“纯”国际公共品。世界贸易组织（WTO）等国际组织类的特殊国际公共品，可通过设置门槛限制受益国的范围，因此具有一定的排他性；而国际援助等国际公共品，在“消费”方面显然具有一定的竞争性，随着消费国的增加会产生拥挤成本，因此这些可视为“准”国际公共品。

国际公共品的公共品属性，是全书进行研究的基础和前提。正因为公共品所具有的非竞争与非排他性，带来了普遍的“搭便车”问题；而国际公共品具有巨大的供给成本以及不对称的收益，更是导致国际合作难以形成的重要原因，从而导致了国际公共品供给中的博弈困境。而不同国际公共品具有的非排他与非竞争的程度不同，因此需要以不同的方式进行供给，合作形式也因此发生变化。

1.2.2.2　国际公共品具有较强的“非中性”特点

非中性是指国际公共品给利益相关国带来的效用不是完全相同的，各国受益程度不一样，甚至有的国家可能受损。例如全球化背景下由发达国家制定的很多经济贸易方面的规则或金融制度，如世界银行（WB）、国际货币基金组织（IMF）等，从中得到主要好处的还是发达国家，而发展中国家受益较少，甚至有些贫穷国家反而受到这些规则的损害。这样，国际公共品在现实中并不一定会使所有相关国家受益，或即使受益其程度也相差甚远，并且由于世界各国之间的差异相比一国之内更大，因此国际公共品的非中性特点较之于国家公共品更为突出。

正因为国际公共品有明显的非中性特点，导致供给中的博弈矛盾突出，尤其对于涉及范围广泛的国际公共品，发达国家与发展中国家的利益冲突是主要矛盾，因而很适合使用博弈理论进行研究。

此外，国际公共品的“非中性”也引起了对公平的关注，成为国际公共品研究中的重要内容之一。

1.2.2.3 国际公共品决策机制与筹资机制的特点

国际公共品与传统的国家公共品在决策机制上具有本质不同。国家公共品的决策过程中，在其最上层具有统一的权威——中央政府。而国际公共品的决策超出了单个主权国家的范畴，其决策主体的合法性来源于国家权力的让渡，决策过程通常由相关政府或国际组织协作完成。目前不存在真正的“超级政府（权威）”，以国家为主体的多边合作与政府间会议已经成为国际公共品的主要决策机制。

筹资机制不同。国家公共品的资金主要来源于税收，而受益者也为全体国民，资金保障能力较强。而国际公共品缺乏稳定而统一的资金来源，无法从各国收取税收或取得其他形式的经济补偿；大多数国际公共品筹资渠道为官方资金援助，但审核过程复杂，所需周期较长，少数通过自愿捐赠获得的资金又较为匮乏，因此国际公共品的资金供应不足。

以上这些特点，决定了国际公共品的研究与一般公共品不同，讨论如何形成有效的国际合作组织以及多边国际合作协议，具有格外重要的意义。单个国家在国际公共品供给中所能发挥的作用有限，除非该国或某几国成为国际公共品供给中的“领导者”或“霸权国”。国际公共品的供给主要靠国际合作机制来实现，国际组织或协议是目前最为重要的解决手段之一。

1.2.2.4 国际公共品供给中存在“司法缺口”与“动机缺口”

当政府活动范围与国际公共品的供给和消费范围不一致时，也就意味着“司法缺口”的出现。国际组织可以对国家行动进行一定程度的监督，但并不具备强制干涉这些国家行为的权力，各国仍以自身利益最大化为行动目标。同时，国际公共品供给中还存在“动机缺口”，即缺乏有效的激励机制或措施以保证国际合作的顺利进行，这是因为缺少“世界政府”对各国进行监督和惩罚，而各国也存有自利心理[①]。

因此，在研究如何破解国际公共品供给的博弈困境时，必须明确相关国家政府的责任，据此构建出合理的选择性激励机制，对它们进行奖励与惩罚；同时分析国际公共品供给中国家自身从中获得收益所占比例，以及如何提高该比重，这对合作的顺利进行具有促进作用。

1.3 研究方法

1. 博弈论研究方法

本书以公共品理论为基础，建立博弈分析框架，对国际公共品供给的理论与现实情况进行了分析。在国际公共品的供给中，各国间存在错综复杂的利益关系与博弈困境，并由此结成各类利益集团和联盟，适合使用博弈理论进行研究。本书同时引入了非合作博弈与合作博弈理论，对该问题进行了探讨。非合作博弈部分研究参与国在利益相互影响的局势中如何决策使本国收益最大，即策略选择问题。根据成本和收益之间的关系的变动以及不同类型的国际公共品的特点，本书中先后涉及了囚徒困境博弈、线性加总技术、领导—跟随者博弈以及重复博弈模型等四种供给技术的博弈。而合作博弈部分着重研究参与者如何达成合作，在合作状态下如何分配收益（或分摊成本），即利益分配问题，依次使用了讨价还价博弈、防重新谈判博弈以及联盟博弈模型等。此外，还根据参与者的成本收益关系以及参与者之间是否能够做出具有约束力的协议讨论了非合作博弈与合作博弈之间的转化关系。在实证研究中，本书也结合博弈理论对国际公共品供给中的

---

① 关于“缺口”的阐述，具体请参见 Kaul I，Conceicao P，Le Goulven K，et al. Providing global public goods：managing globalization［M］. Oxford University Press，2003.

两个典型案例进行了分析，验证了一般理论对于特殊实例的适用性。

2. 案例分析与历史分析方法

本书的实证部分采取的是案例分析方法，从纵向的角度分别考察了全球气候治理的国际合作中，《联合国气候变化框架公约》与全球气候大会的形成和变迁进程，以及莱茵河国际治理合作的历史演变过程与现状，并对这两个案例的合作机制、影响因素、成效与合作前景等方面进行了较为详细的分析。

3. 比较分析方法

本书在对国际环境公共品供给的案例分析中，按照博弈理论的框架，比较了不同自然属性（大气污染与水体污染）、不同受益范围（全球性与区域性）、不同参与国数量（全球所有国家与少数参与国）、不同收益情况（一国从国际公共品中直接受益程度较小与较大）以及不同国家实力（“强国”与“弱国”）等因素，对国际公共品供给合作结果的影响。

1.4 研究内容与本书结构

本书主要运用博弈论的方法，结合国际公共品的基本理论，深入研究了国际公共品的供给问题，分析影响国际公共品供给与国际合作的主要因素，阐述了博弈困境的产生原因与机理，寻求相应的破解之道，以此提出政策建议与措施。本书在理论分析的基础上，结合多个国际公共品供给的实例，并着重对两种典型的国际环境公共品供给过程中的国家间博弈、国家联盟（利益集团）间的博弈分别进行了分析，最后提出了促进国际合作的具体制度安排。总体分析框架参见图 1 – 1。

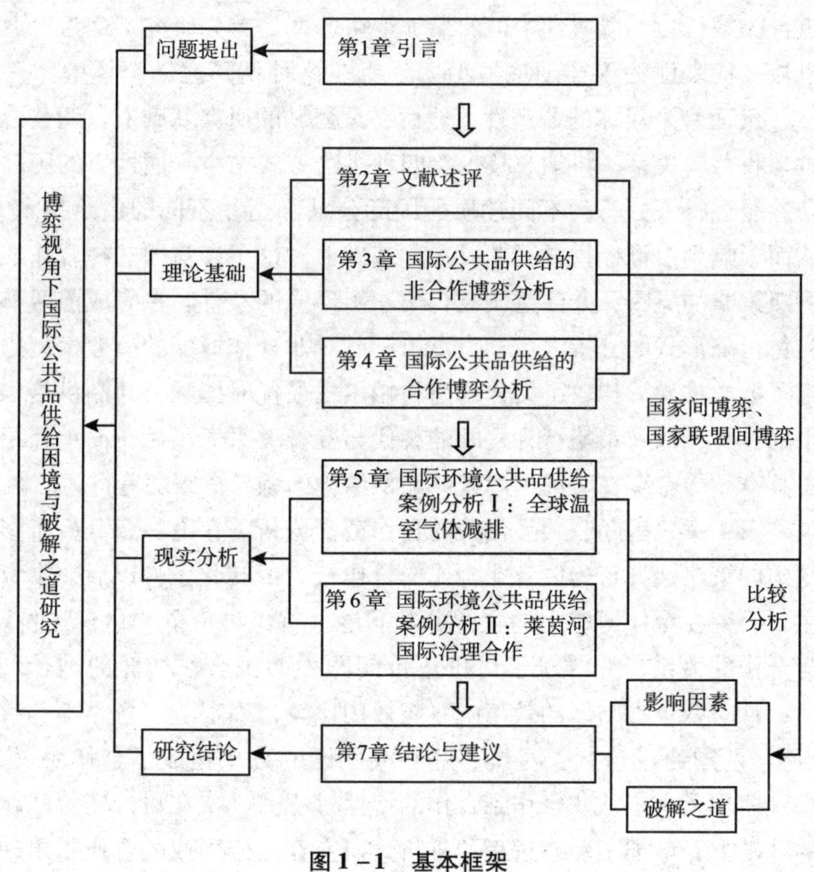

图 1－1　基本框架

本书共 7 章，第 1 章为引言，第 2 ~ 4 章为本书分析的理论基础与前提，第 5、6 章为现实分析，第 7 章为结论与政策建议。

第 1 章，引言。主要论述问题的缘起，本书的研究方法、研究思路与大体框架等。

第 2 章，文献述评。主要梳理了三部分的内容和成果：即国际公共品的基本理论、国际公共品的供给研究与博弈分析、国际环境治理的一般理论与博弈研究等，对该领域的代表性文献进行了论述与简短的评价。

第 3 章，国际公共品供给的非合作博弈分析。本章主要研究在国际公共品供给中的非合作博弈，即各相关利益主体和参与国如何进行决策行为，以实现本国的最优策略选择。首先研究了最为普通也最具代表性的囚徒困境模型，分析在这种情形之下个体的“理性”反而带来集体的非理性；然后在桑德勒的研究基础上，调整成本与收益的关系，将加总技术等四种供给方式结合不同性质的国际公共品进行了分析，不同性质的国际公共品适用不同的供给技术，从而影响到由谁提供的问题；在此基础上讨论了参与国选择合作或背叛策略的原因，并注重研究合作均衡形成的条件。在完成前两节支付矩阵形式的分析之后，本章第三节对非合作博弈的一般模型进行了数学推导，比较了纳什均衡与帕累托最优时国际公共品供给水平的差异，以及策略行为之间的替代与互补关系。最后，简单介绍了具有领导者存在时的国际公共品供给中的领导—跟随者行为。

第4章，国际公共品供给的合作博弈分析。在上一章分析了参与国的策略选择行为以及非合作向合作行为的转化条件以后，本章主要研究在合作博弈中的收益分配问题。首先讨论了“讨价还价”与合作的关系，并寻求了讨价还价问题中两国合作博弈的纳什均衡，针对两个参与国的效用配置与效用比较，确定了“意见不一致点”。两国通过谈判、对抗、威胁或承诺的方式达成了合作协议，这正体现了一个从非合作到合作的博弈过程。其次在讨价还价问题的基础上，增加了动态过程的分析，研究在已经形成的合作中出现违约以及由此导致的重新谈判，推导了“防重新谈判均衡”，提出可采取以“赏罚分明”的机制激励参与国信守承诺，并对单独背叛者进行惩罚，从而保证合作的持续进行。最后，分析了国际公共品供给的联盟博弈，通过求解“核”与 Shapley 值的方式，来计算在合作联盟中合意的收益分配或成本分摊方案。

第5章，国际环境公共品供给案例分析Ⅰ：全球温室气体减排。本章结合前面的理论分析，对国际公共品中的国际环境治理进行了案例分析。首先回顾了目前在全球气候治理中占主导地位的机制——《联合国气候变化框架公约》与全球气候大会的形成与历史变迁过程，介绍了每一时期的合作进展、具体措施与主要成果。然后将气候治理中的参与国视为同等能力、同等地位的单独理性个体，在此基础上运用线性加总技术分析了合作困境产生的原因，并引入最低门槛技术、补偿机制与成本分担机制，讨论了从非合作向合作的转变可能。接下来引入利益集团的划分，区分了不同参与国之间的经济实力与能力差异，主要分析了发达国家集团与发展中国家集团在气候治理中的博弈关系，兼顾分析发展中国家之间的博弈。然后对框架公约中讨价还价与重复博弈的困境进行了分析，研究了此时的纳什均衡解。最后利用联盟博弈模型，对框架公约中最重要的资金来源——全球环境基金中不同地位的国家所具有的决策权力进行了分析，进一步指出合作难以形成的原因。

第6章，国际环境公共品供给案例分析Ⅱ：莱茵河国际治理合作。莱茵河的治理是国际环境治理合作中的一个典型成功案例。首先对莱茵河被污染与治理的过程进行了历史回顾，并介绍了在莱茵河治理中至关重要的国际组织——保护莱茵河国际委员会（ICPR）。其次使用加权加总技术模型分析了莱茵河合作中存在博弈，特别是“桑多斯事件”前后各参与国策略选择的变化。接下来分析了治理过程中纳什均衡与帕累托最优状态下国际环境公共品供给数量的差异，指出相关参与国的供给量在纳什均衡下小于帕累托最优状态下的情况，并且这个差距将随着参与国的数量增加而变大。然后对合作过程中流域各国的讨价还价行为进行了分析，明确了赏罚分明对合作的促进作用以及对重新谈判的抑制。最后以防治莱茵河洪水的合作为例，运用联盟博弈分析了国际合作中的成本分摊问题。

第7章，结论与建议。首先对全书进行了总结，回应了篇首提出的四个问题，就不同性质的公共品为谁来提供、产生国际公共品供给不足困境的原因、影响合作形成的因素、不合作向合作转化的条件以及合作中成本分担等问题作出了解答。然后思考了中国在国际公共品供给中所应该扮演的角色和所应采取的策略。最后提出了促进合作、破解博弈困境的政策建议，包括强化国际合作组织与多边合作协议、“赏罚分明”的选择性激励措施、最低门槛技术以及成本分担与补偿机制等。

1.5 创新与不足

本书的创新点主要表现为如下几点：

（1）本书摒弃了原有的以非合作博弈方法对国际公共品供给问题的研究范式，首次采取同时引入非合作博弈与合作博弈理论方法的分析框架对该问题进行研究，并尝试将两者进行结合，据此提出了破解供给困境的对策。梳理已有的文献可以看到，学者们倾向于研究国际公共品供给困境以及不合作策略产生的原因，而对于合作时的情况并未涉及。然而即使已经形成合作，各参与国之间仍然具有博弈，存在收益分配或成本分摊问题，并且存在背离原有合作、产生重新谈判的可能性。本书对该方面的研究缺失进行了补充，在非合作博弈的基础上，创新性地引入三个相关的合作博弈模型对合作条件下的国际公共品供给问题进行分析，提出了如何使得讨价还价的谈判达成一致，如何使用赏罚分明的措施对待信守承诺或背叛协议的国家，以消除偏离合作、进行重新谈判的激励，以及利用“核”解和Shapley值作为国际合作中各国能够共同接受的分配方案。另外，本书突破了以静态分析为主的方法，大量使用了讨价还价、防重新谈判以及重复博弈等模型，同时对参与国的策略选择概率进行了动态探讨（即混合策略博弈模型）。这些模型较好地解释了在一个动态的合作与谈判过程中，各参与国之间的策略互动与合作的前景。

（2）本书较为系统地从理论研究角度解释了国际公共品供给合作中的种种现象与问题，如博弈困境是如何出现的、如何破解博弈困境、如何促进合作出现以及如何维持合作，这是对现有研究的完善与深化。一方面，国际公共品供给的经济学研究不足，许多问题的分析还不够透彻，没有形成被共同认可的有效供给机制，本书的研究是对现有成果和文献的补充。另外一方面，本书也对国际公共品的供给中的某些问题，特别是不合作向合作的转化以及合作中的分配、分摊问题进行了较为系统的剖析，是对现有研究的深化。

（3）本书是跨学科的理论研究，以经济学为主，以公共品理论为研究基础，采取博弈论方法，并结合政治学与国际关系学进行研究。本书选取了两个典型且有对比性的案例：温室气体减排属大气污染的国际治理，国内外学者涉及较多，但多从环境学与国际关系学等角度切入为主，很少以公共品视角进行分析；莱茵河治理属于水体污染的国际治理，是国际合作的典型成功案例，但学者对该领域的关注较少。本书对两个案例进行了详细的分析与比较，并发现公共品性质、参与国数量、参与国能力差异、领导国的存在与否、国际公共品与国家收益之间的关系等各个因素对合作的形成和发展都具有影响。

本书的不足之处：第一，要透彻地理解和研究国际公共品供给问题，不但需要借助经济学的研究方法，还必然涉及政治学、国际关系学、管理学和社会学等多个学科内容，在具体国际公共品的供给问题上还可能用到环境科学、公共卫生学等专业技术性知识。面对这样一个内容庞杂的跨学科研究课题，受自身知识结构以及对相关学科掌握程度所限，本书的理论深度还有待进一步加强。第二，统计和计量数据的缺乏。国际公共品相关问题中的许多变量难以量化，或数据取得存在困难，导致本书分析中缺乏确切的数据支撑，因此为加强说服力，有必要在进一步的研究中对相关数据进行挖掘，增加计量模型分析以更好地验证现实情况。第三，国际公共品的供给是复杂的国际经济、政治关系问题，涉及多个主权国家的利益分配、妥协与合作，所以，对策部分的可操作性还有待加强。

第2章

文献综述

2.1 国际公共品基本理论述评

2.1.1 国际公共品的概念

在二十世纪后半叶的经济学发展过程中，公共品理论具有举足轻重的地位，公共品（public goods）这一概念与“公共地悲剧”（tragedy of the commons）受到了广泛的认同与运用。萨缪尔森（Samuelson，1954）最早在《公共支出的纯理论》一书中，明确地给出了公共品的定义，“公共品是指任何人的消费都不会减少其他任一消费者对该物品消费的物品”。奥尔森（Olson，1965）认为，在某个集体中，任何个体的消费都不会妨碍其他个体消费该物品的话，这就属于集体的或者公共的物品。丹尼斯（Dennis，1979）则从数理角度定义公共品，就是能够以零的边际成本为所有社会成员提供相同数量的物品。尽管定义的方式有多种，但实质上都反映了公共品的两个主要特征，即消费的“非竞争性”（non-rival）与受益的“非排他性”（non-excludable）。所谓非竞争性，是指某个个体在消费该物品的同时，并不会妨碍他人的消费，即该物品只要被提供出来，新增加一个消费者所带来的边际成本为零。所谓非排他性，是指即使没有支付成本也能从该物品中获得收益，任何相关个体都不能被排除在外，这是因为使某个不付费者无法消费该物品从技术上是不可行的，或者尽管技术可行却成本过高。同时具有完全的非竞争与非排他性的物品一般被称为纯公共物品。如国防一般就被认为是纯公共品的典型代表，任何人在享受国家保护的同时，并不会对其他人造成妨碍，而且要将某个不付费者排除在国防收益之外也是不可能的。此外由于在非竞争与非排他程度上的差别，除纯公共品以外还存在准公共品，如“公共池塘资源”“俱乐部产品”“公共偏好的私人物品”等（樊丽明，2006）。

经典的公共品理论主要研究一国范围内公共品的筹资与供给，对于具有国际性的公共品关注并不多。但进入20世纪90年代以来，不少学者的注意力转向了跨国性甚至是全球性的公共品，这主要是因为全球化趋势迅猛发展使得整个世界形势发生了变化，原本属于国家事务的大量内容与国际性的公共品脱离不了关系。全球性环境问题、传染病、国际经济危机与冲突、国际货币危机与金融风险、互联网与知识的全球性扩散、国际政治不稳定性以及国际恐怖主义活动越发严重，同时经济全球化与区域利益、地方集团独立与分裂趋势并行，这些都迫切需要世界各国政府相互协调，以应对全球化的一系列挑战。解决这些问题具有强烈的正外部性，所有相关国家均可从中获益，因此普遍存在“搭便车”心理，单个国家不愿也往往无力独自解决。因此理论界对于跨越国境的公共品问题（public goods and bads）的研究逐渐升温，国际公共品概念日益引人关注，尤其是在解决国际环境问题方面（Cornes，2008）。它被认为是分析某些跨国和全球性问题用以解决全球环境、国际金融秩序稳定、国际和平与安全、市场效率以及人权等诸多问题的关键（Woolley，2009）。

从现有文献可以看到，奥尔森（Olson，1965）对国家之间如何合作维护安全进行了讨论，还有拉西特（Russett，1971）从集体物品角度出发对国际组织进行分析，这些都是早期的国际公共品研究；而最早正式提出“国际公共品”这一概念的则是奥尔森（1966，1971），他以国际公共品视角对促进国际合作问题进行了研究；而桑德勒（1980）、金德尔伯格（1986）、斯蒂格利茨（1995，1999）、世界银行（1999）等也先后提出了国际公共品的概念，从公共品的角度对诸多国际问题进行了分析。考尔（1999，2003）等人则首次正式提出了“全球公共品”的概念，他们的研究报告具有较为广泛的影响力，开创了国际公共品研究的“新层次”。考尔等把全球公共品定义为具有以下特征的物品，“从受益范围来看包含多个国家；从成员组成看，扩展到几个，甚至全部人群；从世代看，既包括当代，又包括未来数代，或者至少在不妨碍未来数代发展选择的情况下满足目前几代”，分别从时间和空间两个层面上的非竞争与非排他性角度比较严格地定义了全球公共产品。但考尔同时也指出该定义过于严格，符合要求的仅有自然界的空气、公海等少数物品，因此她又放松标准，给出了更具实际操作意义的定义方式，“如果提供某物品的收益不局限于某一类国家，并且对任何团体以及当代和后世各代子孙都无损害，那么它就满足全球公共品的要求”。考尔所提出的这两种定义方式，都强调了国际正外部性，以及非竞争和非排他性，并关注从全球公共品中获益的事实与潜在获益的可能性，即同时强调了代际性。另外，从现有文献中可以发现，大部分学者并不刻意区分“国际公共品”和“全球公共品”两种提法，在进行研究时采取了类似的思路和方法。毕竟二者都是对跨越国界公共品问题的研究，而“国际”问题如涉及全世界范围就形成了“全球”问题，如莫西里（Morrissey，2002）等学者提出的“国际公共品就是能够为全球范围内的所有人带来益处的物品”这一定义就充分说明了这一点。

从现有文献中可以看到，尽管许多学者从微观的层面进行了具体应用，从而极大丰富了国际公共品的理论，但其作为独立的理论体系还有很多内容没有被充分研究，包括国际公共品各特点之间的关系、不同主体在其中的战略性互动、国际机制对各成员国的效率价值等方面。本书以经济学视角对国际公共品进行研究，因此国家公共品与国际公共品理论是本书的分析和理论基础，并主要研究不同供给主体在其中的策略选择和战略性互动问题，对现有理论进行补偿。但是，与国家公共品相比，国际公共品的政治性更加突出。莫默多维克（Memedovic，2008）等指出，“全球公共品的提供和全球治理过程，不仅仅与经济学相伴而生，从很多方面都可以看出它是一个备受争议的政治过程”。追求本国利益最大化是任何国家的理性选择，每个国家都必须为本国利益负全部责任，国际公共品的供给中充满了经济利益与政治权力的博弈和权衡。因此，想要深刻地理解国际公共品的供给过程，寻求破解供给困境的途径，就必须结合经济学、政治学、国际关系等进行跨学科的综合研究。

2.1.2 国际公共品的分类

按照事物内在的性质特征将其分类，是进行深入研究的前提和必要条件。目前对于国际公共品的分类方式较多，不同学者着眼点不尽相同，按照使用频率与被认可程度，主要包括以下几种分类方式。

桑德勒（1999）根据公共物品的受益在代际和国家边界之间的扩散情况，提出了新的公共品划分方式，即包括国家公共品、区域性公共品（regional public goods）和全球性公共品（global public goods），其中每种类型又被分为“纯”（pure）公共品与“不纯”（impure）公共品（或称为准公共共品）。因此国际公共品就包括了纯区域性公共品与准区域性公共品、纯全球性公共品与准全球性公共品等。纯区域性和全球性公共品包括了臭氧层修复、温室气体减排、消除疾病以及技术创新等。而准区域性和全球性公共品在现实中更为常见，它们部分满足非竞争或非排他性，如排他但非竞争的国际俱乐部公共品，包括经济合作组织、北美自由贸易区等；或是竞争但非排他的国际“公共池塘资源”，包括公海渔业、猎场保护等。同时，从收益代际来看，国际公共品受益持续时间一般涉及几代人，尤其是环境、教育、技术和制度等国际公共品。桑德勒提出的分类方式最广为接受，是进行理论研究时的重要依据。

另一种使用频率较高的分类方式，是考尔（1999）等提出的，根据国际公共品的产生条件和面临问题不同而进行的分类，区分为全球自然共享品（global nature commons）、全球人造共享品（human-made global commons）和全球条件（global conditions）三类。其中第一类公共品是自然存在的，如大气层、河流、海洋等自然资源，而第二类和第三类公共品是由于人类活动而产生的，如国际制度、国际法律、科技、金融、国际贸易、和平等，它们不是自然界所固有的，而是随着人类活动而变化。前两类是存量，要求人类以适当消费的方式确保它们充分发挥作用，主要面临如何消费的问题；而第三类是流量，要求不断提供以确保该类公共品的存续性，主要面临着如何供给的问题。

而根据项目的不同，国际公共品小组（International Task Force on GPGs，2000）将国际公共品划分为环境、健康、知识、安全和管理等，又根据活动性质的差别，具体划分为核心活动和补充活动。核心活动是指生产国际公共品的行为，包括促进世界共同利益的国际合作，以及某些国家具有较大的正外部性的行为，如教育；而补充活动是指对由核心活动生产出来的国际公共品进行消费的行为，包括帮助某些国家提高消费国际公共品的能力，如国际资金援助等。根据生产环节不同，Kaul（2003）等将国际公共品划分为最终国际公共品与中间环节国际公共品，其中前者是指可以由各国直接进行消费的公共品，如公海资源、世界物质文化遗产、世界和平等，而后者则不能直接用于消费环节，而是为生产最终国际公共品服务，如国际秩序是为世界和平这种最终国际公共品而服务。

在本书的研究中我们采取了桑德勒的分类方式，即按照非竞争与非排他的性质对国际公共品进行了划分，并兼顾空间性和代际性因素，这种分类方式能够揭示国际公共品的本质特征与属性，更深刻地理解国际公共品的供给问题。

2.1.3 国际公害品

与公共品概念相对应的是“公害品”（public bads）的概念。公害品与公共品具有相似之处，同样具有非排他与非竞争性，以及不可分割性，但二者产生的结果完全不同，公害品会给相关主体带来损害而不是收益。以全球变暖为例，气温升高会使全球降水分布发生变化，冰川和冻土消融，海平面上升，对自然和人类都带来危害。作为全球性的公害品，全球变暖的“消费”具有不可分割性，没有任何一个国家可以置身事外；同时也具有非排他与非竞争性，所有国家都会遭受损失，并且一国受损不妨碍他国受损，也不会减少他国受损的可能性。

杨德尔（Yandle，1974）根据有益性与有害性将物品划分为四类，其中就包括了两类不同的公害品：对私人有益的和对私人有害的，但无论哪一类对公众都具有负外部性。而当公害品的影响范围跨越国境时，就形成了“国际公害品”（international public bads）。布鲁姆等（Bloom et al.，2001）指出，全球化进程加速了商品、服务、资本和劳动等在国际之间的交流，但同时也可能促进非法商品与服务等国际公害品的传播。他们重点对国际犯罪行为进行了研究，将其分为三种类型：非法国际交易行为、非法政治行为与非法入侵行为，同时他们也指出有些国际犯罪行为可能随着全球化减少，如走私汽车，将会由于贸易壁垒的消除而减少走私数量。莫克斯等（Moxnes et al.，2003）从国际公害品的角度研究了污染排放问题，指出对以排放污染的方式制造国际公害品的国家而言其边际收益大于边际成本，但对于整个国际社会而言边际成本大于边际收益。他们通过实验经济学的方式发现在公害品的治理中，尽管个体的努力是有限的，但可能会产生“领导效应”（leadership effect），即领导者对公害品的积极治理行为会诱使跟随者做出类似的努力。

除研究国际公害品在空间上的影响以外，一些学者也关注了其在时间范围上的影响，即所谓代际性问题。桑德勒（2008）从公害品的制造者数量、影响范围以及影响持久程度三个方面进行了探讨，指出有些公害品影响范围大、持续时间久，甚至会影响到后代，即具有代际性，这一点在国际公害品中特别是环境污染方面尤为突出。同时他指出，针对不同类型的公害品，政府与公众做出的应对措施是不同的，一般由政府主导治理，但也可能由公众作为治理的主体、政府适度参与。吉原（Yoshihara，2005）在研究代际资源分配问题中引入了负外部性，并假定当前世代只受到以前各代所累积的负外部性影响，而当代产生的国际公害品不对本世代，仅对以后各代产生影响。他提出了三条原则，试图在此基础上寻求解决方案：必须达到帕累托最优，即经济效率；满足代际公平，即生活环境越不利的世代应当允许使用更多的自然资源，从而弥补代际的差异；满足可持续发展性，即尽量减少对自然的破坏。令人失望的是，研究结果表明无法同时满足上述原则，即帕累托最优、代际公平和环境可持续性发展无法兼顾。

因此，在本书中我们将公害品定义为具有负外部性的物品、服务或行为，且对其受众而言是非排他、非竞争的。公害品中既包括自然存在的公害品，如自然灾害等；也包括人为制造的公害品，如环境污染、恐怖袭击等。特别的，在“公共地悲剧”中所提到的过度使用、“掠夺”公共资源的行为，我们也将其视为一种公害品。另外，公害品与负外部性具有密切的联系，但二者不能完全等同。负外部性强调某种行为对受众产生了影响，使其承担了额外的成本而得不到补偿的情形，行为的执行者往往会从中获益，即边际成本小于边际收益；而公害品则强调对公众的危害性，行为的执行者本身可能获益，但也可能遭受损失。在国际公共品的研究中，经常出现与之相对应的国际公害品，因此在本书的后续论述中，将国际公害品的治理视为供给国际公共品的行动，例如环境污染与环境治理、战争与维持和平、金融危机与维护金融稳定等[①]。

① 事实上，施皮格尔（Spiegel，2003）等指出，通常情况下对公害品供给问题的研究，可从其对应面的公共品（或称之为“公益品”）的角度进行考虑，将公害品纳入公益品的框架中进行分析。如研究污染排放是公害品问题，但研究污染治理就是公共品问题，但这种转化并不是万能的，在林达尔均衡和古诺—纳什均衡中就失效了。

2.2 不同视角下国际公共品供给理论述评

2.2.1 经济学视角的研究

经济学研究供给与需求问题，而国际公共品特性对其供给过程产生了巨大影响。多数国际公共品供给数量低于合意水平，无疑是相关主体出于对成本收益的考虑导致供给不足或效率低下。外部性是导致成本收益不对等的最重要原因。外部性使得一国无法按照市场原则有效供给国际公共品，但根据经典经济学理论，外部性是可以被测量，并通过公共决策（庇古）或私人决策（科斯）方式予以纠正的。就目前而言，主要以强制内部化的手段，或通过转移机制将国际外部性内部化，其中既包括资金的转移支付，也包括技术的转移，并且这些转移往往具有特定的附加条件，以有效解决外部性问题（Takarada，2005）。另外 Martin（2010）等学者提出“可影响定价方案”（Price-influencing Scheme）对供给国际公共品或消除国际公害品行为进行定价，该方案实质上就是通过基于国际公共品的动态庇古税，解决缺乏权威性“国际政府”的监管问题，提高利益主体积极性。除外部性，不确定性和风险也是影响成本收益的重要因素。国家一般是风险厌恶者，不确定性本身就会对国际公共品的供给增加显著的成本，降低供给效率并因此造成福利损失；不确定性与风险能够显著地影响国际公共品供给合作中国际条约的形成，并同时带来质变与量变（Boucher，2010）。

因此从经济学视角来看，明晰的国际净收益有助于促进国际公共品供给水平的提高，解决市场失灵与“免费搭车”问题、对提供国际公共品的正外部性进行适当的补偿、消除不确定性和风险，这些措施都有助于增进效率。

解决国际公共品供给不足的问题，还需要明确供给责任以及由谁供给效率最高。与国家公共品强调政府、市场与第三部门相结合的多元供给方式不同，国际公共品目前主要供给主体仍然只能是主权国家以及由国家所形成的国际组织、国际协议。单边供给曾是国际公共品供给的重要方式，历史上霸权国家如英国、美国，都曾发挥类似世界政府的作用。但随着理论与实践的发展，国家间的合作被视为当今有效供给国际公共品最主要的手段，其中包括了国家联盟、国际组织及国际协议。肯普夫等（Kempf et al.，2010）提出以国际合作的方式应对全球性范围内缺乏强制力权威的“全球政府”所造成的国际公共品供给不足，通过国际间“组织化合作”促进形成国际层面的硬性机制，以克服集体行动的困境。于世海等（2008）也指出近年来跨国公司与部分国际组织管理的信托基金在为部分国际公共品的融资方面已被证明是有效的，这是因为一定程度排他的国际公共品可能形成国际俱乐部产品，促使私人部门或跨国公司产生自愿融资的激励，以市场方式来供给此类国际公共品。但是我们也看到国际公共品缺乏稳定而统一的资金来源，无法像国家公共品一样以税收作为主要收入，大多数国际公共品筹资渠道为官方资金援助，但审核过程复杂，所需周期较长，少数通过自愿捐赠获得的资金又较为匮乏，因此国际公共品的资金供应并不充足。

综上，经济学近年来的研究主要关注国际公共品的有效供给问题，无论是分析国际公共品供给不足的原因，还是供给主体或筹资方式的选择，最终都落脚在对效率的考量上。如何提高供给水平、增进效率，以实现供需平衡，始终是经济学所关心的问题。

2.2.2 政治学与国际关系学视角的研究

与国家公共品相比，国际公共品的政治性更为突出，吉尔平（Gilpin，1987）等学者提出的霸权理论在早期研究国际公共品的供给中具有重要意义，能够解释特定时期许多国际公共品的供给问题，但霸权理论无法解释当前国际社会中的合作治理与国际公共品的发展，具有时代局限性。

从政治学视角来看，国际公共品供给困境并不单纯是“免费搭车”问题，而是由政治与经济双重因素决定（Kaul，2011）。第一，这是经济市场与政治市场（political markets）双重失灵的表现。极少数的国际组织具有一定强制性权力，绝大多数国际公共品供给依靠自愿，而各国政府均将国家利益放在首位，因此并不一定恰好将全球福利目标纳入考虑范围，并且参与国的数量增加会加剧双重失灵的程度。第二，这是国际政治市场功能与机构失衡的表现。清晰而明显的净收益是国际合作形成并维系的根本动力，背弃承诺、灵活解释国际协议等政治失灵行为会大幅降低国际公共品供给效率，这部分也是由于未充分考虑不同国家广泛存在的偏好与选择优先级的差异，因而在具体国际公共品供给中必须构建真正的激励相容机制（Howse and Teitel，2010）。第三，组织约束的限制。国际公共品具有公共—私人以及国家—国际多重性质的高度交叉，它需要特定政策与管理方式，传统的治理方式与组织形式并不完全适用，特别是对于那些追求相对封闭政策的国家。各国政府应采取新的问题导向性组织原则，这是因为国际公共品的供给或国际合作往往针对特定问题，如纠正和消除跨越国境的负外部性问题，或鼓励提供具有正外部性的行为和物品。第四，政策僵化（policy stand-offs）。雷佩托（Repetto，2006）等指出当今政策僵化是常态，而重大政策改革是“罕见的例外”，在涉及国家数量较多的国际公共品供给中该问题将更为突出。现有的政治分歧在不断扩大，阻碍着国际合作的进展，需要进行重大的国际政治改革①，这在历年世界气候大会、世界金融危机以及欧洲国家债务问题等实例中得到了充分体现。以上这些因素带来了经济与政治的双重失灵，从而导致国际公共品的供给困境。

与国家公共品相比，国际公共品为利益相关国带来的效用不是完全相同的，各国受益程度不一样，甚至有国家可能受损。例如全球化背景下由发达国家制定的很多经济贸易方面的规则或金融制

① 历史上重大的国际性政治改革包括联合国的成立；布雷顿森林体系的建立；“东西方阵营”划分的终结；全球化与全球性开放等。

度。正因为国际公共品有明显的非中性特点，对公平层面的关注与重视，也成为国际公共品的研究中的重要内容。与经济学偏重效率不同，政治学的研究更注重对公平的考虑。随着中国、印度等新兴大国的崛起，以及在历次金融危机中发达国家的威信遭受动摇，发展中国家逐渐获得部分话语权和规则制定权，对国际公共品“公平”的要求在日后将愈加迫切。另外，值得注意的是国际公共品的供给过程不可避免地会涉及国家主权问题，而“主权”中包括了独立权与平等权，倾向于进行主权概念改革的学者们如罗德里克（Rodrik，2011）提出，某国行使本国主权不得侵犯他国主权的概念发生了变化，加强国际合作、增强监管，以及强制性地提供国际公共品或为他国承担相应成本，就成为负责任地行使本国主权的新要求。

2.2.3 博弈论视角的研究

作为新兴研究方法，博弈论注重研究相关利益主体的博弈行为与策略，适合研究国际公共品的供给问题，也成为研究的新趋势。博弈论视角强调了国际公共品供给由不合作走向合作供给的过程，其中“纳什均衡”与“帕累托均衡”的比较即博弈均衡是否能同时达到福利最大化得到了众多学者的关注。为了实现国际公共品的有效合作供给，博弈研究主要关注两个方面：其一是客体国际公共品的性质，其二是参与主体的博弈行为。对国际公共品的研究可以从其根本属性——严格非排他与非竞争性出发、逐步放松假设，来研究如何克服集体行动的障碍（庞珣，2012）；也可以采取更为流行的“加总技术”① 来进行分析，不同的加总技术会导致不同的边际收益，从而影响各国行为，线性加总中的囚徒困境博弈，可能在

① 加总技术（aggregation technology）由 Hirshleifer（1983）提出并经 Sandler（1999）予以完善，即个体对公共品贡献方式决定公共品总体供给数量的供给方式，包括线性加总（summation）、强者供给（best-shot）、弱者供给（weakest-link）和加权加总（weighted Sum）。

强者或弱者供给中得到破解，形成纳什均衡，从而使得这些国家由不合作走向合作，该方法也可以较好地解释“免费搭车”或“小国剥削大国”现象（Sandler，2004）。而参与国的行为也会随其相对综合实力不同发生差异，如塔克等（Tucker et al.，2007）指出在线性加总技术下，领导国会倾向于形成最小限度的联盟，而在强者供给技术下，领导国倾向于形成更大规模的联盟，并自发提供更多国际公共品；在弱者供给技术下，货币形式的国际转移支付在两国规模相差较小时能带来较高水平的国际公共品供给，而当两国规模差异较大时则非货币手段更有效，相对富裕的国家在进行转移支付时有强烈的偏好选择非货币援助手段。在大量国际公共品的供给案例中是“利他者”即供给的国家而不是“受惠者”成为主要的受益者，因此发达国家有自愿与其他国家合作的激励（Ramses，2012）。

博弈研究为破解国际公共品供给困境提出了有效措施——选择性激励机制，即在国际公共品的供给中，采取惩罚手段抵销一国不参加合作得到的与合作得到的收益之间的正差部分，可以防止该国的“免费搭车”行为，或采取奖励手段诱导国家参加合作。采取适当的选择性激励措施可以使各国在进行某些具有私人性质的活动时，同时促进国际公共品的供给。有时，随着参加集体行动国家数量的不断增加，对后加入的国家会出现正向反馈，即其付出的成本不断下降，从而导致边际收益不断增大；或成本不变，但收益提高。在这种情况下，是否免费搭车的收益差距越来越小，可以视为鼓励进行供给国际公共品的“奖励”。近年来，学者如徐崇利（2012）还提出了一些新的选择性激励措施，如“议题关联”——政府间进行国际环境治理谈判时，把其他相关领域国际合作问题考虑进来，或“联合产品”——相关国参与特定国际公共品供给时不仅有助于增加总体供给水平，也会给本国带来私人收益，提供国际公共产品而产生的副产品——私人品，实际上就是对有关国家参加国际公共品供给的一种激励。

与经济学与政治学方法不同，博弈论视角的研究更为侧重对行为的研究，将相关国家或国际组织从整体上视为博弈个体，而不考虑其内部构成，从集体行动的角度来考虑国际公共品的供给问题，构建了选择性激励机制；同时，近年来的研究也往往从本身性质与“加总技术”角度出发，区分了不同类型的国际公共品并提出了相应的供给策略。

另外也可以看到，对国际公共品供给的博弈研究基本遵循了非合作博弈的框架，主要分析了博弈困境的产生和各参与国在其中的策略选择问题，罕有运用合作博弈理论对该问题进行的研究；并且大多数研究也是以静态博弈为主，动态博弈的研究不多。但从国际合作的实践来看，尽管国际公共品的供给经常陷入博弈困境，但也有不少合作成功的案例，如书中涉及的莱茵河国际治理，因此有必要同时运用合作博弈的理论对该问题进行分析，注重从非合作均衡向合作均衡的转化条件，同时强调在合作中各参与国的利益分配问题以及设置强有力的约束与承诺，以保证合作的持续进行。另外，国际合作往往需要经过多轮谈判与协商才能达成，不可避免地会涉及动态与重复博弈的过程，但相关的研究也是比较匮乏的。

2.3 国际环境治理研究述评

2.3.1 国际环境治理的一般理论研究

早在20世纪初期，庇古（Pigou，1931）在分析外部性出现的原因时就指出，环境污染的产生是市场失灵的结果，由于边际收益无法反映边际成本，从而不能自发实现资源配置的帕累托最优状态。希伯特（Siebert，2001）则认为环境更多的时候是一种公共资源，是不具有排他性的财产权利，从而在使用上存在着普遍竞争的现象。于是所有人都可以无限制地或不受严格限制地使用，因而出现拥挤现象，导致污染的形成。杜阿等（Dua et al.，1997）将对环境污染产生的外部性的研究从国内延伸到国际的层面，提出了“跨国”外部性效应。对于这些国际性环境污染的问题，也可以像国内问题一样采取征税或者补偿的方式，以使得各国的私人成本与社会成本相等，从而使外部成本内部化，解决跨国的外部性问题。如有害气体的排放国，在承担本国生产成本的同时还应对受影响的邻国进行补偿，或者是对于排放国的边际成本和相关的总体边际成本之间的差额征收等额的环境税来进行弥补。但如果跨国的外部性影响是单向的，则很难出现国际合作治理的情况（Ivanova，2002；Biermann，2000）。国内学者在对环境污染产生的根源进行研究时，也基本沿袭了以上的观点，即认为环境的污染问题主要来源于外部性与市场失灵或者环境资源的非排他性。

在单一独立主权国家及以下政府层次发生市场失灵时，环境公共品的供给不足可以由中央或地方政府来弥补。而作为一种受益范围涉及多个主权国家甚至是全球的公共品，我们如何能够保证国际环境公共品的供给水平充足而有效呢？“千年生态系统评估”（MA，2005）[①] 指出，市场和国际组织在多项国际环境公共品的供给中存在着长期而系统性供给不足，因此依靠私人部门和第三部门来实现国际环境的有效治理显然是不现实的。马德森（Madsen，2010）等认为在主权国家内部存在着诸多代理机构具备供给环境公共品的职责，如保护濒危动物栖息地、治理水流域污染、生态系统保护等领域，同时还存在大量补偿机制，以确保私人部门提供国家范围内的环境公共品[②]。而在国际层面上，权威的“世界政府”的缺乏导致对国际环境公共品的供给补偿极为困难。考尔（2003）和巴雷特（Barrett，2007）都指出，由于在国际环境治理中，各国承担成本

① 千年生态系统评估（Millennium Ecosystem Assessment，MA）是一项为期4年的国际合作计划，2001年6月由联合国秘书长安南宣布启动。《生态系统与人类福利：评估框架》是该计划的第一个成果，其主要的评估报告于2005年出版。千年生态系统评估计划的主要目的，一是综合评估生态系统变化对人类福利的影响；二是分析加强生态系统保护、提高生态系统满足人类需求方面的可行对策。

② 国外有关对生态环境的行动有各种不同含义的提法，如：保护（preservation）：保持现有生态系统的功能；减轻（mitigation）：减少或补救对现有生态系统的损害；恢复（restoration）：恢复到接近于干扰前的水平。

的意愿和能力具有较大差异，因而国际环境公共品供给数量增加的关键，就在于促使各个主权国家签署多边协议、达成一致。图托（Touza，2011）研究发现，保护物种与基因多样性、缓和气候变化、控制传染病的流行以及国际公海的保护与管理等环境公共品具有严格的全球性；而更大量的环境公共品是区域性的、涉及相邻多个国家，如酸雨防治、多国河流管理、国际水流域治理等。与一般公共品一样，国际环境公共品同样具有消费的非竞争性与非排他性，但现实中更常见的是“不纯的”准国际环境公共品，尤其是地方性“公共池塘资源”物品。阿南德（Anand，2004）指出，在大多数情况下，单个主权国家提供准国际公共品根本不可行，必须依靠国际协调或者是国际合作才能实现。

目前对国际环境治理研究可以大体划分为两大类：一类持有现实主义（或多元主义）观点，主张世界各国参与国际环境治理的根本原因是经济利益；另一类主张从利益集团博弈过程、各国的政体与民主程度等政治要素着手，对各国进行国际环境治理的行为进行研究，如国际政治经济学、公共选择学派等。

如在前一类研究中，斯普林兹等（Sprinz et al.，1994）指出生态环境变化的适应性与治理成本是决定各国参加国际环境谈判的立场的关键因素。张海滨（2006）、陈迎（2007）都同意这一结论，但陈迎认为全球气候变暖等问题具有特殊的复杂性，若要全面理解各国气候谈判的立场，还需要考虑气候变迁问题的特殊性，以及在谈判背后错综复杂的国家关系。此外，大量的研究也再次证明了发达国家参与全球环境治理的根本动因还是经济利益的驱使，如科尔（Cole，2005）、安特维尔（Antweile，2001）等。另外，进行国际环境治理的过程中，还涉及双层的利益决策问题——即同时要考虑该国从国际环境治理中获得的国家收益，以及国内的利益集团的收益，它们共同决定着一国的态度。每一项国际环境公约和协议往往都会对这两种利益关系产生影响，如福克纳（Falkner，2005）认为，美国之所以在《赫尔辛基协议》以及《蒙特利尔议定书》中表现积极，是因为国内的利益集团可以从中获益；而迟迟不签署

《京都议定书》，也是难以从中获益。巴雷特（2007）也持相同的观点，美国带头实施《蒙特利尔议定书》对臭氧层进行保护，主要是出于美国自身利益的考虑。因此，国际环境合作的形成总是由经济与生态的双重利益权衡的结果。罗伯茨（Roberts，2004）等对全世界近两百个国家参与的 24 个主要国际环境协议的数据进行了研究，结果显示经济实力和经济地位才是影响一国参加国际环境协议的根本性因素，而政治、生态等其他方面的因素都是相对次要的。

而在后一类的研究中，学者们普遍支持“民主—环境”的观点，即假定民主国家在国家环境保护中的态度更为积极，比非民主国家付诸的努力要多。康格尔顿（Congleton，1992）研究指出，随着民主国家的增加，参与国际环境协定的国家也会增加。一些学者对他的结论进行了验证，多数的结果支持了这一观点，表明民主对国家参与国际环境治理具有促进作用。例如，诺伊迈尔（Neumayer，2002）对多项国际环境协议的分析结果证明了民主与国家参与环境治理之间，存在着显著的正相关；贝龙（Beron，2003）等人的研究表明，在《蒙特利尔议定书》的批准和签署过程中，政治自由度和公民权利更大的国家倾向于参与其中；而斯坦（Stein，2008）也指出民主对一国参加国际环境治理合作的意愿（即政策产出）有促进作用。但在对二氧化碳排放与民主的关系的研究中，不同的学者得出的结论却不尽相同。如米拉尔斯基（Midlarsky，1998）研究发现民主较高的国家的二氧化碳排放水平更高；但尼尔斯等（Nils et al.，2003）的观点却恰好相反，他们得出结论，民主国家的二氧化碳排放量更低；而鲁维尼等（Reuveny et al.，2006）的研究结果则表明人均二氧化碳排放与民主程度的关系并不十分明晰。由此可以看出，“民主—环境”假说的结果会随着污染物类型以及样本的差别发生变化，此外上述研究往往针对的是对本地性影响较强的环境污染物，至于全球环境问题与民主的关系则并无定论。

因此，从已有研究来看，国际环境治理并没有统一的研究框架。经济发展、民主程度以及污染物排放量之间并没有呈现出清晰的内在联系或明显的数量关系。污染水平并不一定与经济发展水平存在对应的线性关系，如温室气体排放量中居前几位的国家，同时包括世界最发达的国家和一些发展中国家，因此污染程度要与该国的经济发展阶段、生产技术水平、居民消费模式等因素结合起来考虑。人均污染排放量的趋势并没有定论，不一定是随着人均收入的增加而形成倒U型曲线（潘家华等，2010）。同样，污染水平也不一定与民主程度有直接的相关关系。另外，目前在环境治理合作的研究中，也缺乏对相关影响因素的定量分析，这主要是因为许多因素无法量化，而国际数据既匮乏并难以获取，这也是阻碍进一步相关分析的重要原因。

2.3.2 国际环境治理的博弈研究

由于在环境污染产生的原因中存在着边际收益与边际成本不对等的情况，因此在供给环境治理中也会充满各种博弈行为，许多学者运用博弈论理论对国际环境治理问题进行了研究。严阿瑟（Yanase，2009）运用博弈模型对国际双寡头垄断国家在第三方国家市场中表现出来的博弈关系进行了研究，分析了这两个国家在环境治理中的博弈策略选择。同时他对两种选择性污染治理工具（排放税与命令—控制型规制）进行了比较分析，结果表明由于搭便车的存在，更严厉的排放政策将提高外国公司的竞争能力，而该国减少排放的努力所带来的正外部性会促进国际环境的改善，从而再次给外国公司带来益处。由于这些策略效应，非合作博弈中环境政策的效应将会偏离社会最优的水平，并且从博弈结果来看，排放税要比命令—控制型的治理工具对污染治理与社会福利所造成的扭曲更为明显。王艳等（2005）对引起国际环境污染的因素进行了定量分析。指出建立国际环境合作联盟、制定联盟间合作协议的必要性，并强调加强国际联盟的监督控制，提高国际合作治污协议的实施力度对解决跨国越界污染有很大的促进作用。理论上，污染受害国可以向污染制造国家的减少排放或治理行为进行单边支付（资金援助），从而较好地解决跨界污染问题，但在实际中单边支付却很少被使用。为此松田（Matsueda，2002）构建了一个博弈模型对单向跨界污染中的单边支付问题进行研究。通过将污染制造国与污染受害国各自治理污染的边际成本、遭受污染损失的边际成本纳入其中进行分析，指出单边支付方法之所以被搁置不用的主要原因是信息不对称，污染受害国对污染制造国的治理行为进行补贴或援助，但并不知道污染制造国是否进行了最大的努力，这势必会影响其提供资金援助的积极性，因此如何设计相关机制，使得参与各国均信守承诺就显得相当重要。

在环境治理研究中，国内学者多关注环境污染产生的原因、污染治理中参与者的策略行为、生产者与政府监管部门间的策略选择问题，而对国际环境治理问题的研究较少，研究方法也主要侧重静态的纯策略博弈方法。但国外学者对环境污染治理博弈的研究多集中在环境污染治理方法和国际环境治理方面，如研究对外贸易与越界污染之间的关系（Kenji，2012），环境污染治理中的国际合作问题（Berton，2006）等，并且多数文献集中在大气污染治理博弈方面。

在全球温室气体减排方面，研究主要集中在 1997 年以来即《京都议定书》制定后各国如何对合作制度进行构建的过程，以及进行博弈所得的均衡结果和相应解决问题的方案。陈洪波（2006）通过运用博弈框架对国际合作减排的困境进行了分析，他在《京都议定书》基础上提出了人文发展的公平机制。库珀等（Cooper et al.，2008）阐述了世界各国如何在全球气候变化治理中共同承担责任，尤其强调了美国和中国参与治理的重要性，他提出通过征收碳税的方式，实现国际合作的转变，从而使得从总量控制转变为相互支持的行动。卡明等（Carbone et al.，2009）将国家视为符合理性人假设的个体，构建了标准的一般均衡模型，他们分析了碳排放许可交易系统，以及全球发展与温室气体减排合作中存在的博弈过程与激励机制，指出部分国家组建贸易联盟，而联盟之外的国家采取不合作战略是碳排放许可交易中相关参与国的最佳策略。克拉姆顿等（Cramton et al.，2010）认为，两极分化的总量控制与交易规则阻碍了国际温室气体减排合作的产生，原因是这种制度安排激励了搭便车行为。因此他们提出，加强国际合作应当建立全球统一的碳价格协议，进一步地，在该协议中还必须包含产权转让制度，从而为低排放国家提供援助，以应对全球气候变化进行的减排行动，同时要将转移支付与价格目标进行结合以消除搭便车问题，从而达到具有较高合作程度的博弈均衡。

对于破解国际环境公共品供给中的博弈困境，席尔瓦（Silva，2008）等认为在某个特定环境下出现一个“强权”是可能的，国家主权的部分让渡在合适的范围内对各国仍然是有利的，当然这只适用于部分强权的情况，而不能出现完全的“霸权”国家。巴雷特（Barrett，1997）则指出如果不包含激励或惩罚措施，国际组织规模将会非常小，根据其模型计算可知仅能容纳 2 个成员国。以巴雷特的研究为基础，学者们提出了众多的改良模型，都是着眼于如何使国际合作协约规模增大，以达到共同改善各国利益的目的，如动态转移支付附加模型（Finsum，2001）、组织内正效用激励静态附加模型（Derson，M.，2006）与包含污染累积的开创性动态模型（Breton，2010）等。其中以布雷顿（Breton，2010）为代表的学者们提出的动态模型是对巴雷特的基础静态模型的重大改进，动态模型考虑了原来难以处理的许多问题，比如动态组织规模效应、动态污染累积效用或动态激励（惩罚）选择等。动态模拟的结果表明，要想实现全体参与的激励或惩罚，这将取决于组织总体规模的平方，这也就意味着实现全体参与是可能的，但成本巨大。

另外，不少学者提出议题关联（issue linkage）等手段。议题关联是指政府间进行国际环境治理谈判时，把其他相关领域国际合作问题考虑进来，如《蒙特利尔协议》就将国际贸易纳入进来，对含有耗竭臭氧层物质（ODS）的进出口数量进行限制。议题关联实际上属于选择性激励机制的一部分。巴雷特（1997）对与国际治理相关联的国际贸易制裁措施的有效性进行了检验，通过局部均衡博弈模型分析，发现贸易制裁对国际环境治理具有正向影响。苏贝朗

（Soubeyran，1998）更进一步地指出，当且仅当处于子博弈完美时，贸易制裁等相关政策可以维持国际环境治理中的合作，同时，环境质量较高的国家可以在关税战中取得优势。卡拉罗等（Carraro et al.，1998）通过研究国际 R&D 合作与环境治理的关联议题指出，R&D 合作可以扩展小型国家联盟、促进合作，同时促使相关国家的总福利也得以增加。而菲诺斯（Finus，2008）尽管指出参与国数量增多会使得涉及的议题关联谈判变得极为复杂，从而导致各国的摩擦成本极速增加，但他也认为在满足一定条件下议题关联是可以运用于多边环境协议中的，如全球温室气体减排治理中的联合减排与清洁发展机制。

综合现有文献可以看到，国际环境治理的博弈研究存在着以下两个缺憾。首先，从研究对象上来看，对国内环境治理的研究远远多于对国际环境治理的研究；而对国际环境治理的研究也主要聚焦于大气污染，对于水体污染、固体污染、保护生态环境、维持物种多样性等方面的研究稀缺。其次，从研究方法上来看，与其他国际公共品的博弈研究类似，也是以非合作博弈的研究为主，并侧重于静态分析，缺乏合作博弈的研究与动态分析。以上两个方面，是进一步对国际环境治理的博弈研究中应予以补充的内容。

第3章

国际公共品供给的非合作博弈分析

在国际公共品供给中，作为主要供给者，各参与国可被视为理性个体，追求本国收益最大化（效用最大化）。由于国际公共品的供给往往需要多个主权国家参与，并涉及多种利益，自然而然地会产生错综复杂的博弈关系。各国既要关注其他参与国的策略选择，并对此做出反应，进行本国最优策略应对，同时还要关注如何分配国际合作中产生的集体收益或成本。因此在国际公共品的供给过程中，各参与国不仅要把“蛋糕做大”，还要在“分蛋糕”的时候争得对本国最有利的份额。当然，对于国家而言收益最大化包含的内容更为复杂，包括经济利益、国际地位、社会收益、国际政治权利等各个方面，对于民主国家还有选民对执政党的支持率，而独裁国家则有政权的稳固性等。除此之外，国家所追求的收益最大化，还有绝对收益与相对收益的差别，在某些情况下，参与国如果发现本国在合作中所分配到的相对收益即所占比重比其他国家多，即使绝对数额并不大，该国也可能认为这是公平、合意的结果。因此国际公共品的供给适合使用博弈理论进行分析，并同时涉及非合作博弈与合作博弈两部分内容。在本章中，我们研究国际公共品供给中的非合作博弈情形，并分析从不合作走向合作的前提与转化条件。为简便起见，假设各国在国际公共品供给中追求绝对收益的最大化，并且是可以用货币进行衡量的直接或间接收益。关于各参与国的相对收益即利益分配问题，留待下章进行分析。

3.1 国际公共品供给中的囚徒困境

“囚徒困境”（Prisoners' Dilemma）最早于1950年由塔克（Tucker）在弗勒德和德雷歇（Flood & Dresher，1950）的相关理论基础上，通过假设两个囚徒作为博弈参与人的方式进行了重新诠释，并由此得名①。囚徒困境模型反映了个人的“理性”行为未必会带来集体的“理性”，所有参与者的个体最佳选择反而可能是集体的“最差”选择，它是博弈论中最为经典的模型之一，也是非零和博弈②的代表性案例。

经典的囚徒困境形式如下：有两名嫌疑人A与B在私闯民宅时被警察逮捕了，警方怀疑二人共同作案进行盗窃，但现有证据不足，无法定罪。为防止串供，警察将A和B分开监管并单独审讯。A和B都被告知他们拥有以下的选择：本着“坦白从宽，抗拒从严”的政策，如果承认罪行并作证检举对方的罪行，而对方在一直抵赖拒不交代，那么对方将因盗窃罪加妨碍公务罪被判刑10年，而自己可以即刻获释，反之亦然；如果两人相互检举揭发对方的罪行，将同时以盗窃罪被判刑8年；但如果两人都拒不交代，则将以私闯民宅的罪名同时服刑1年。此时，两名犯罪嫌疑人的可选择的策略及其结果如表3-1所示。

---

① Tucker A W. A two-person dilemma [J]. Readings in games and information，1950：7-8.

② 非零和博弈与零和博弈不同，在这种情况下，所有参与者的收益或损失的总和并不为零，即有可能为正，也有可能为负。

表 3－1　两名嫌疑人的选择

	B 不认罪	B 认罪且检举
A 不认罪	两人均被判刑 1 年	A 被判 10 年，B 获释
A 认罪且检举	B 被判 10 年，A 获释	两人均被判 8 年

将表 3－1 转化为支付矩阵的形式则可得到图 3－1。

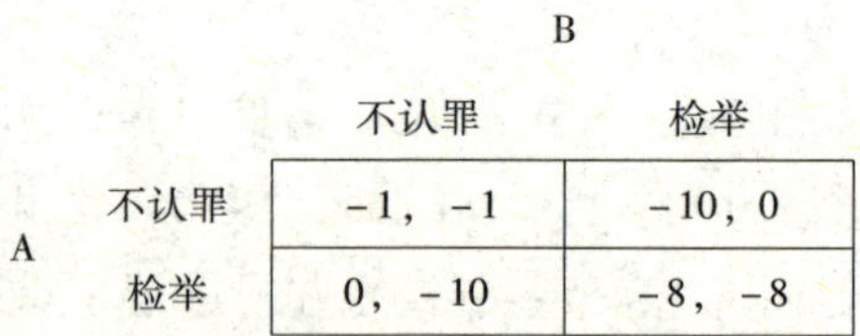

图 3－1　囚徒困境的经典形式

由于假设囚徒困境中的所有参与者都是理性个体，因此每个参与者必然都会追求自身利益的最大化，如果存在某个策略，使得无论在什么情况下参与者选择该策略所获得的收益都要大于其他策略的结果时，理性的参与者必然会选择这个“占优策略”；反之亦然，理性的参与者不会选择在任何情况下收益都要比其他策略低的“严格劣策略”。分析上面的表 3－1 可以发现，由于 A 和 B 被分开监管和审判，无法获知对方的行为——即便能进行交流，也无法保证对方不会背叛自己。此时从个人理性出发，两名囚徒都有选择背叛对方、进行认罪和检举的激励，无论对方的决定是什么，自己都会比选择以拒不承认的方式进行“合作”获得的收益要大。如果对方没有认罪，那么自己就将立刻被释放；如果对方认罪了，那么尽管此时认罪将入狱 8 年，但仍然好于不认罪时的 10 年刑罚。由于 A 和 B 的处境相同即博弈矩阵是对称的，那么二者的最佳策略必然是同时选择认罪，即背叛对方，而不是合作，这是囚徒困境的纳什均衡。但由此得到的纳什均衡解并不是满足帕累托最优的解，因为共同背叛所导致的每人入狱 8 年，显然不如合作时每人入狱 1 年的结果理想，不论是从集体的福利还是从个人的角度来看都是这样。尽管知道合作的总福利要高于不合作的情况，然而个体的理性驱使两人追求自身利益的最大化，将会导致他们都选择不合作（即背叛），所谓的“困境”也就由此而出现。事实上，在以囚徒困境为代表的非零和博弈中，纳什均衡与帕累托最优往往是不一致的，其带来的冲突导致集体的福利不能最大化①。

囚徒困境博弈在现实中时常可见，无论是自然界还是人类社会都充满着类似的情景，它被广泛运用于科学研究中，如经济学、政治学与社会学等社会科学领域，以及进化生物学、动物行为学等自然科学领域，都可以利用该博弈模型进行分析。这样的“困境”同样明显存在于国际公共品的供给中，囚徒困境模型是进行国际公共品博弈分析的基础模型之一，这是由国际公共品自身性质决定的。国际公共品具有显著的正外部性，所带来的收益与成本严重不对等；并且国际公共品的供给一般需要花费巨大的成本，是单个或者少数国家难以承担的。因此从“个体理性”的角度出发，单个国家并没有自发采取行动、进行供给与合作的激励。类似于前面两个囚徒A和B所面临的情形，不论其他国家选择何种策略，本国不参与供给而采取“搭便车”的行为，将是占优策略，可以获得更多的收益。但正是由于每个参与国的“理性行为”，将导致集体（当覆盖范围足够大时，就是全球）的“不理性”，这是国际公共品的供给博弈困境出现的最基本的逻辑，最后的结果就是导致国际公共品的供给数量不足。当然，囚徒困境中的相关假设在现实中显得有些极端，在不同性质的国际公共品的供给过程中，困境出现的概率和程度不尽相同，并不存在所谓的绝对“理性”，也并不总是出现绝对的背叛与不合作，但总的趋势仍然如此，各参与国倾向于选择偏离帕累托最优的不合作策略。

定义囚徒困境博弈，命名为博弈零：

（1）博弈者集合：$I=\{i: i=1, 2, \cdots, n\}$，即博弈主体为n个国家。

---

① 在很多情况下，不但是集体，连参与个体的福利也得不到最大化，即不合作行为带来的后果对于个人而言也是不利的。

（2）策略集合：$S=\{S_i\geqslant 0, i=1, 2, \cdots, n\}$，即参与国对国际公共品供给的贡献量 $S_i\geqslant 0$。

（3）信息集合：所有参与国对本国以及其他参与国的收益函数和策略集合具有完全的信息，但各国同时做出决策，即不知道对方的策略选择结果。

（4）收益函数：参与国 $i\in I$，收益函数 $U_i=G-c_i$，其中 G 为公共品带来的总体收益，c_i 为各参与国供给国际公共品的本国成本，U_i 表示净收益。

在不同情形下，合作与不合作的含义有所区别，在此我们以纯国际公共品为例，如全球环境治理，此时合作表示供给该国际公共品，不合作表示不供给。其中任何一国的供给行为将给本国带来成本，同时给两个国家带来收益，但单独供给者从国际公共品中获得的收益不足以弥补其成本①。

据此做出博弈假设如下：

（1）不失一般性地，设两个同质的参与国 1 和 2，即地位相等，具有相同的策略集合与信息集合，并且两国间的供给行为是可以替代的，国际公共品的供给水平只由总供给量所决定（这也可以很容易地将两国扩展到多国的情形）。

（2）参与国的策略只有两种：合作（用 C 表示），或者不合作（用 N 表示），即在此不对每个国家供给数量进行细究，仅考虑是否参与供给。

（3）该国际公共品具有完全非竞争与非排他性（符合纯国际公共品假设），并且某参与国单独供给时所承担的边际成本大于边际收益。

（4）不同的策略选择会产生不同的结果，其中 R 表示双方合作时的支付，T 表示某参与国单独背叛时的支付，S 表示某参与国

---

① 如果某参与国单独供给国际公共品从中获得的收益大于成本，那么国际公共品的供给将不存在或难以出现“困境”，因为该国完全有单方面进行供给的激励存在。由于公共品的正外部性以及非排他性，其他国家也能享受到好处。不过与一般的公共品不同，此时单独供给国有可能会通过各种外交、政治与经济的途径，向其他受益国要求其支付“费用”。

被另外一国单独背叛时的支付，而P表示两国共同背叛时的支付[①]。

图3－1可以转化为图3－2的形式。国际公共品的性质使得我们可以假设T>R>P>S，这意味着某参与国在另一参与国采取合作行动时单独背叛所获得的收益T是最大的；而两国均遵守协议、条约进行合作时的收益R小于T但仍然大于其他两种收益；两国均不合作时，该国际公共品的供给量为零；而最差的情况是某国进行供给合作行动时，遭到了对手的背叛，此时的S是最小的。从众多的现实案例中，我们可以看到这样的假设是符合实际情况的。图3－2呈现出囚徒困境的结果，两国的策略组合（N，N）是该博弈唯一的纳什均衡解，此时两国的收益均为P。而如果我们将参与国的数目增加，在其他假设前提不变的情况下，可以很容易地再次得到囚徒困境的结果，各国的共同不合作策略作为纳什均衡仍然不会改变。

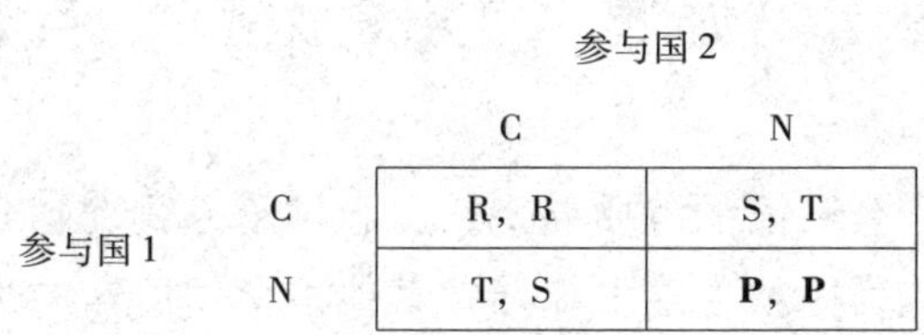

图3－2　国际公共品供给中的囚徒困境

但由于囚徒困境属非零和博弈，在国际公共品的供给过程中某参与国的所得并不与其他国家所失的大小相等，也就是说“利己”的行为并非必然建立在“损人”的基础上，因而在这个博弈困境中仍然存在出现“双赢”的可能性，从而引导各国参与合作；特别是许多国际公共品的供给需要依靠长期的、多次的国际合作才能供给，因此将形成一个重复的博弈过程，在这个过程中一直采取不合作策略并不一定是占优策略，各参与国有机会修正本国的策略选择

① 该表示方法源于实验经济学，具体内容可参见 Hofstadter D R. Computer tournaments of the prisoners dilemma suggest how cooperation evolves [J]. Scientific American, 1983, 248 (5): 16－23.

从而进行合作。例如在生态环境与物种多样性的保护过程中，现期的“背叛”行为可能会带给该参与国最大的眼前利益、承担最少的供给成本，但从长远角度来看物种的灭绝只会给所有国家带来损害，而参与国际合作会给各国带来好处，并且这种收益的出现并不需要牺牲其他国家的利益，因此从长期来看是一个双赢的过程。图3-2所示的四个单元格，对于各参与国来说个体收益T、R、P、S的大小顺序已经确定，但在四种不同的情况下“集体”的收益分别是2R、S+T、T+S以及2P。如果在博弈过程中尤其是重复博弈中，能够让各参与国从注重T>R>P>S的关系转变到注重2R>S+T以及2R>2P关系上，即从一味追求个体利益最大化转变成追求集体福利最大化，将成为破解国际公共品供给中的博弈困境的重要途径之一，使得各国从不合作走向合作。

3.2 国际公共品的“供给技术”与博弈

不同国际公共品的性质差别，引起供给方式发生变化，因而不一定会形成囚徒困境，这可能导致其他不合作博弈的出现，也可能会促成合作。在本节中，我们将讨论不同“技术条件”下国际公共品供给的博弈情况。

从供给技术角度上，赫舒拉发（Hirshleifer，1983）提出，通过不同的途径，可将个体生产合并到公共品的社会供应中去，“加总技术”概念逐渐受到关注。所谓的加总技术，研究的是个体对集体行动的贡献如何影响公共品供给总量的问题。由于国际社会中并不存在具有绝对权威与强制力、能够统一决策、统一生产与供给的“超级政府”①，因而国际公共品主要依靠各国共同提供，每个国家的贡献量以不同的方式加总，并最终决定国际公共品供给总量，因此加总技术理论适用于对国际公共品供给的分析。从桑德勒（1998）开

① 尽管作为世界上最大型的权威组织——联合国对于国际安全与和平等国际公共品的供给具有重要贡献，但也只起到引导与协调作用，并不具备政治强制力。

始，加总技术理论被广泛运用于以集体行动方式供给国际公共品的过程，该模型对于国际公共品供给的研究具有重要意义。在接下来的分析中，我们将进一步拓展该模型①，并明确区分国际公共品供给中公共成本与收益，以及各国的本国成本与收益，通过对四者数值关系的比较，分析不同情况下各国做出决策、选择不合作或合作策略的原因，并由此探寻从不合作向合作转化所需要的条件。

3.2.1 线性加总技术（Summation）

线性加总技术是指所有参与国对于其他任何一个参与国而言都是完全替代者，即此时每个参与国对国际公共品的贡献量的简单加总求和就是该国际公共品的供给总量，任何一个国家的任意一单位贡献量与其他任意国家同样数量的贡献量是完全替代品，也就是说所有参与国对该国际公共品的供给总量水平的边际影响相同，同样的努力程度带来同样的边际贡献。

线性加总技术的数学表达式为

$$Q = \sum_{i=1}^{n} q_i \tag{3.1}$$

式（3.1）中Q表示国际公共品供给总量，等于n个参与国贡献量 q_i 总和。

以将贡献数量简单线性加总来提供国际公共品的方式，各参与国出于成本与收益的考虑，往往会导致供给过程陷入囚徒困境。当其他国家不采取行动时，参与国i单独供给国际公共品，每单位的贡献量所带来的收益为 c_i，一般要大于其直接从中获得的收益 b_i，参与国i将承受每提供一单位国际公共品所带来的损失 $c_i - b_i$。由此可知，对于每个参与国i而言，其占优策略就是不提供国际公共品。如果所有参与国都以相同的方式来考虑这个问题，那么该项国际公共品的供给总量必然为0，除非有超国家的权威介入其中，以

① 原始模型参见 Sandler T. Global and regional public goods：a prognosis for collective action［J］. Fiscal Studies，1998，19（3）：221 - 247.

强制的方式予以干预。并且可以预计，随着参与国数量的增加，线性加总技术提供国际公共品（特别是纯公共品）的难度将随之增加，有效的集体行动前景将变得悲观。

考虑遏制全球气候变暖趋势这一国际公共品的情形①。对全球气候变暖进行治理就可以通过线性加总技术供给，每个参与国减少温室气体的排放量都会做出贡献，而且任何国家的贡献都可以被其他任何一个国家等量的减排所替代。正是因为在线性加总供给技术条件下，所有国家贡献的减少量都可以由其他国家贡献的增加量所弥补，即使某国完全不参与行动，该国际公共品仍可以被其他参与国共同努力提供出来，这就为“搭便车”行为提供了可能。但与普通的国际环境问题不同，全球变暖对于部分国家和地区却可能是有利的，因此他们具有不参与气候治理的动机②，例如全球变暖导致更多的降雨，使世界上最为贫瘠的撒哈拉沙漠部分地区有“变绿”的可能性。同时，随着大量发展中国家的崛起与生活水平的提高，对于减少温室气体排放以达到防止地球进一步变暖的需求也可能会增加。

根据线性加总技术方式供给国际公共品的特点，在此对其中的博弈进行定义，并给出相应假设。

博弈一：线性加总技术下的博弈

博弈定义：

（1）博弈者集合、策略集合与信息集合：与博弈零相同

（2）收益函数：$U_i = G(\sum_{i=1} S_i) - c_i = G(\sum_{i=1}^{n} q^i) - c_i$，其中 G 表示参与国从国际公共品中获得的收益，G：$R_{\geqslant 0} \rightarrow R_{\geqslant 0}$ 为实函数，且为增函数，$G(0)=0$。收益函数 U_i 是策略函数 S_i 的函数，又由于

① 人类大量使用煤炭、石油、天然气等化石燃料，或对森林进行砍伐并焚烧，会释放出大量温室气体如 CO_2 等，这些气体一方面能高度吸收地球自身发出的长波辐射，另一方面又对来自太阳的辐射具有高度穿透性，导致全球温度上升，即温室效应。而全球变暖属于典型的公害品，遏制全球变暖的国际合作就是提供国际公共品的行为。

② Caplan A J, Ellis C J, Silva E C D. Winners and losers in a world with global warming: noncooperation, altruism, and social welfare [J]. Journal of Environmental Economics and Management, 1999, 37 (3): 256 - 271.

在线性加总技术条件下 $Q = \sum_{i=1}^{n} q_i$，因此各国策略 S_i 所代表的贡献总量就等于 Q。

博弈假设如下：

（1）博弈零的假设（1）、（2）、（3）保持不变。

（2）假定两国供给效率相同，即每一单位的国际公共品给两个参与国带来的收益为 B，对应单位成本 c，两国同时提供时由于存在线性加总，收益增加到 2B；假设现有科技水平下，单独供给该国际公共品时，参与国的成本大于收益，但小于两国共同提供时的收益，即 $2B > c > B$。

图 3－3 表示的是线性加总技术下国际公共品供给博弈中的一种情况，其中博弈定义和假设皆与博弈一相同。参与国 1 和 2 联合供给某国际公共品，如减少温室气体的排放，此时符合线性加总的条件，合作（C）代表参与国支付成本进行温室气体治理，不合作（N）代表没有行动。如果只有一个参与国选择合作，那么其净收益将是 $B - c < 0$，而另一个参与国通过搭便车会得到 B 的收益；如果两个参与国都选择提供，那么每国的支付都将是 $2B - c$；如果没有国家选择提供该国际公共品，则支付均为 0。当对手选择 C 时，由于 $B > 2B - c$，此时本国的最优选择为 N；而当对手也选择 N 时 $0 > B - c$，由于本国的最优选择仍为 N，因此该博弈的纳什均衡就是背叛：（N，N），此时两个参与国的净收益就将是（0，0）。很明显，此时形成了一个囚徒困境博弈。

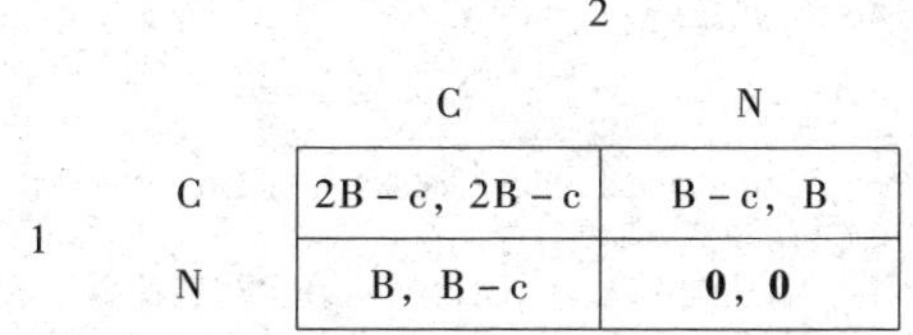

1 \ 2	C	N
C	2B－c，2B－c	B－c，B
N	B，B－c	**0，0**

图 3－3　线性加总技术下的博弈一（2B > c > B）

遏制变暖是典型的涉及全球范围的国际公共品，每个国家的温室气体排放量都直接增加到大气层累积总量上，每一单位温室气体的治理成本将远远大于直接从中获得的边际收益，如果成本得不到补偿，自愿参与行动的国家不可能达到合意的数目。如果各国的不作为，最终导致了地球悲剧性的结果，那么此时不再是囚徒困境而是“斗鸡”博弈的情形，某些国家将自发行动来避免灾难的发生。而 Sandler（1998）① 认为，即使没有因为集体不作为所带来的极端后果，国与国之间的重复博弈过程也可能在一定程度上促进自发合作的形成，只要这些国家恪守承诺，并采取“以牙还牙”的机制来严罚背叛者即可。

保持上述博弈中的其他假定不变，仅将图 3-3 矩阵右下角的单元格中的支付修改为（-D，-D），得到图 3-4 所示博弈矩阵，其中 $0>B-c>-D$。当发生重大跨国突发事故时，各相关国家必须马上采取紧急措施进行处理，不然将产生灾难性后果，此时模型对应的现实情况如前文所述莱茵河化工厂爆炸泄漏事件，或海洋石油泄漏事故②等。在这些紧急环境灾难面前，相邻各国均遭受生态、经济甚至是安全方面的重大损失，如放任不理后果将不堪设想，对现今和未来均有重大影响。由于突发事故具有重大破坏力，策略组合（N，N）所带来的后果将比图 3-3 中囚徒困境条件下一无所获的支付 0 更小，为 -D。当参与国 2 合作时，由于 $B>2B-c$，参与国 1 的最优策略是不合作；当参与国 2 不行动时，由于 $B-c>D$，参与国 1 只能选择合作，单独提供国际公共品。由对称性可知参与国 2 情况类似。因此该博弈具有两个纯策略纳什均衡，即（C，N）与（N，C），对应两国的支付为（B-c，B）与（B，B-c）。我们可以看到，此时不再是囚徒困境，而成为“斗鸡博弈”的情形③。

---

① Sandler T. Global and regional public goods: a prognosis for collective action [J]. Fiscal Studies, 1998, 19 (3): 221-247.

② 2002 年 11 月 13 日，“威望”号油轮在西班牙加利西亚附近海域时遭遇暴风雨，发生爆裂并沉没，大量石油泄漏到海上。西班牙 500 公里长的海岸线与 183 处海滩遭到污染；直接受害国进一步波及葡萄牙与法国，数万只海鸟死亡，海洋鱼类受到毁灭性打击。据计算，清理费用至少高达 120 亿美元。

③ 斗鸡博弈（Chicken Game），或原本正确的译法应该是“懦夫博弈”，在这样的困境中必定有一方要让步，另一方前进，这样才能得到对总体来说最优的结果，但因为此博弈有两个纯策略纳什均衡，谁进谁退是不一定的，需要更多的信息进行补充。如果两者均选择“前进”则是最差的结果，只能两败俱伤。

		2 C	2 N
1	C	2B－c，2B－c	**B－c，B**
1	N	**B，B－c**	－D，－D

图3－4　线性加总技术下的博弈二（2B＞c＞B）

接下来让我们考虑一种较为乐观的情形。将博弈一中的假设（1）修改为c＜B，表示某参与国单独供给国际公共品从而获得的单位收益大于其单位成本，其他博弈定义与假设保持不变。

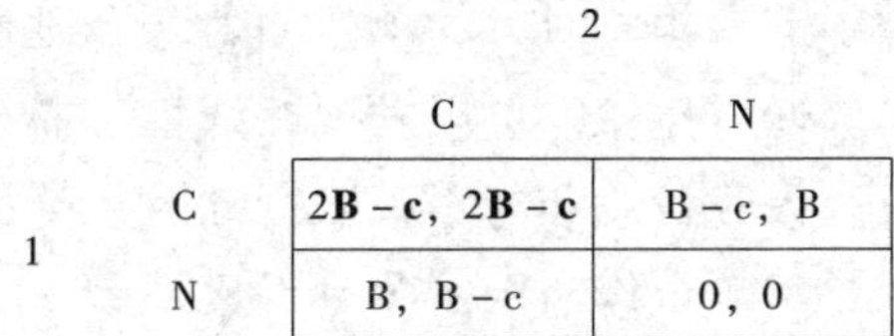

		2 C	2 N
1	C	**2B－c，2B－c**	B－c，B
1	N	B，B－c	0，0

图3－5　线性加总技术下的博弈三（c＜B）

如图3－5所示，计算线性加总技术下的博弈三中矩阵各单元格相对大小。当参与国2合作时，由于2B－c＞B，参与国1的策略是合作，即提供国际公共品；当参与国2不合作时，由于B－c＞0，参与国1的策略仍然是合作，因此无论参与国2的选择为何，参与国1的最佳策略均为合作，即供给国际公共品。由对称性，同样可知参与国2的最优策略也是供给国际公共品。因此，该博弈的纳什均衡就是合作：（C，C），此时两个参与国的支付为（2B－c，2B－c）。在这种乐观的假设前提下，博弈不再是“困境”，而成为自愿合作。

对线性加总技术下的三种博弈情形进行比较。博弈一与图3－3表示的是囚徒困境，在这个博弈中，不合作（即背叛对方）是两国的占优策略，双方同时选择搭便车的“理性”行为却使得两国均没有任何收益。博弈二和图3－4表示的是斗鸡博弈，在这种情况下彻底的不合作已不再是占优策略，即使其中某国不提供该国际公共品（如不采取治理措施等），另一个国家仍可能会单独供给，即存在“懦夫”。尽管单独行动的净收益为负，但也比双方均坐视不理承受更大的损失要好，因此存在单方面合作的激励，这样搭便车的可能性就将大为降低，但并未被消除。当然，参与国的最优策略仍是待对手采取合作行动后，本国选择背叛（即不合作），从而可获得最大化收益。由于两国具有相同的想法，该博弈就存在对称的两个纯策略纳什均衡（合作，不合作），（不合作，合作）。博弈三和图3－5表示的是较为乐观的博弈情形，即单独供给国际公共品所带来的边际成本能被边际收益完全弥补，采取不合作的策略反而看起来不那么合算，最大收益只能在纳什均衡（合作，合作）时得到，此时参与国不需要担心对方的单方面背叛，理性参与国的最优选择只能是合作。通过比较，可以发现在线性加总条件下，每个国家承担的成本、获得收益总和与不采取行动时承受的额外损失数量之间的相互关系是影响合作与否的关键因素。

因此我们可以看到，在线性加总技术条件进行国际公共品的供给，尽管会遭遇“囚徒”或“斗鸡”的困境，国际合作仍然可能获得成功。但这一方面需要各国良好的“交流”，通过谈判与妥协的方式，实现本国的诉求，防止出现如“囚徒”不能沟通带来的“困境”；另一方面也需要具有强制性的措施对各方的合作予以保证，如国际法律或国际协议等，而不能仅仅依靠不具强制力的自愿承诺，“必须以高度的制度化来纠正国家对背叛合作所具有的持续性激励”[①]。同时，提供该项国际公共品的现有科技水平、相关的成本与收益的比例也是至关重要的，直接影响了各国的策略选择。

3.2.2 加权加总技术（Weighted Sum）

线性加总技术适用于纯国际公共品的分析，面对更为复杂的现实时，线性加总技术并不能涵盖所有情形，因此有必要对加总技术

① D. Snidal, Coordination versus prisoners' dilemma: implications for international cooperation and regimes. The American Political Science Review, Vol. 79, 1985, P. 938.

进行拓展。加权加总技术表示各个国家的单独贡献量已经不能再简单线性相加，各国的边际影响发生了变化，因为影响权重不同，相互之间不能完全替代。此时对于参与国 i 有：

$$Q^i = \sum_{j=1}^{n} w_{ij} q^j,\ i=1,\ 2,\ \cdots,\ n \tag{3.2}$$

其中 Q^i 表示 i 国所享受到的国际公共品数量，q^j 是任意某国家 j 对该国际公共品的贡献量，w_{ij} 则是权重，代表了 i 所享受到的国家 j 的贡献量的比例，正常而言权重将小于 1 而大于 0。由于公式（3.2）适用于所有参与国，因而总体情况可用矩阵表示：

$$\mathbf{Q} = \mathbf{W}\mathbf{q} \tag{3.3}$$

其中，$\mathbf{Q}$ 是 $n \times 1$ 阶矩阵（Q^1，…，Q^n）′，$\mathbf{W}$ 是 w_{ij} 的 $n \times n$ 阶矩阵，$\mathbf{q}$ 是 $n \times 1$ 阶矩阵（q^1，…，q^n）′。由此可以看到加权加总技术是纯公共品线性加总技术的一般形式，若所有的权重 w 均为 1，那么式（3.3）即为纯公共品模型；若所有权重 w 均为 0，那么就变成了纯私人品模型。如果与国际公共品供给国（或供给来源）的距离是重要的，而方向是无关紧要的①，那么权重矩阵 **W** 就是对称的，否则即为不对称矩阵。

博弈二：加权加总技术下的博弈

博弈定义：

（1）博弈者集合、策略集合与信息集合：与博弈零相同。

（2）收益函数：$U_i = G(\sum_{i=1} S_i) - c_i = G(\sum_{j=1}^{n} w_{ij} q^j) - c_i$，其中 G 表示参与国从国际公共品中获得的收益，G：$R_{\geqslant 0} \to R_{\geqslant 0}$ 为实函数，且为增函数，$G(0)=0$。收益函数 U_i 是策略函数 S_i 的函数，又由于在加权加总技术条件下 $Q^i = \sum_{j=1}^{n} w_{ij} q^j$，因此各国策略 S_i 所代表的贡献总量，就等于 Q。

博弈假设：

① 例如按地域构建的反恐安全合作，如果能均匀辐射周边国家，那么与“安全网”的距离远近就是至关重要的，至于在哪个方位则相对并不重要。

（1）各参与国对国际公共品的边际影响不再相同，即不同参与国对国际公共品的贡献量影响权重不同，相互之间不能完全替代。

（2）该国际公共品不具有完全非排他性与非竞争性，即不是纯国际公共品。

（3）参与国的收益函数仅由从国际公共品中获得的收益和承担的供给成本决定，与其他国家的收益情况无关。

如果权重 w 在不同国家之间具有显著差别，以国际税收、转移支付或者补贴的方式对提供某项国际公共品的努力进行收入再分配时，该国际公共品的供给水平将得到改善，也就是说将资金由 w_{ii} 数值较小的国家重新分配到 w_{ii} 数值较大的国家能够有效提高该项国际公共品的总体供给水平，或者将补贴向能因此获得更大的“私人”收益的国家倾斜，也能够增加该国际公共品的供给数量。因此，加权加总技术意味着国际公共品的供给并不一定会陷入囚徒困境的博弈，导致各国的不作为。并且，如果某个国家在某项国际公共品供给中的份额足够大，且获取的收益甚至能够弥补其承担的成本，那么它就有动机单独进行供给、积极采取行动。例如在酸雨和硫化物的防治中，欧洲经济委员会环境部长会议制定了《控制长距离越境空气污染公约》。该公约主要针对二氧化硫排放物的削减问题，缔约国包括欧洲、美国、加拿大等共 32 个主要工业化国家。该公约于 1983 年正式生效，规定了各缔约国在 1993 年底之前，必须将二氧化硫的排放量降低至 1980 年排放水平的 70% 及以下。由于大气中的硫化物会随着风向变化而飘移，此时权重矩阵就是“非对称”的，该国际公共品的供给具有了“方向性”。在这种情况下，国际公共品的性质将变得尤其“不纯”，对于特定国家而言更趋近于私人品，下风处的国家受污染更为严重、对于治理的要求也更迫切，而上风处的国家受污染程度可能较轻，因而行动积极性相对较低。此时某些国家的权重参数 w_{ii} 数值较大，表示对于受污染严重的国家，其自身贡献量所带来的收益较大，在 **W** 矩阵中对角线上的数值不为零。而现实中我们也可以看到，具有较大权重 w_{ii} 的国家从 1985 年开始就大规模减少了本国的硫化物排放量，取得了理想的成效①。而在大气的氮化物治理中，由于氮化物的治理迫切程度远不如硫化物，且氮化物的扩散范围更广、受风向影响较小，带给各国的受益程度较小，即 w_{ii} 明显要小得多，因此各国在氮化物的治理中的行动积极性受到了制约，排放量减少程度大为降低。

由于权重大小不确定，加权加总供给技术有可能转化为线性加总技术，也可能转化为下文中将讨论的强者供给或弱者供给技术，从而使得情况发生变化。

3.2.3 强者供给（Best-Shot）与较强者供给（Better-Shot）

所谓“强者供给”技术，是指做出最大贡献的国家所提供的数量就是整个集体对该国际公共品的供给水平，即“最强国”决定了国际公共品的供给。但强者供给只适合某些国际公共品的供给，如果将其推广至全部，就会产生垄断的风险，无法满足国际公共品的多样性需求，而且更为重要的是无法补偿其供给成本，造成效率损失（Sachs，1998；Stiglitz，1998）。一个国家愿意成为最强供给者即最大权重的贡献者是因其对该国际公共品具有强烈偏好。

此时，国际公共品的供给水平等于“最强国”的单独供给水平，可表示为

$$Q = \max\{q^1, \cdots, q^n\} \tag{3.4}$$

例如研究某项重大疾病（如艾滋病）时，只有技术最先进的国家才能够取得成效；在创立世界性技术标准和条例的行动中，也只有付出最多努力且具有领先性的国家才能被世界所共同认可。在强者供给中，只有走在最前面的国家的努力才是有效的，就像跑步比

① Sandnes H. Calculated budgets for airborne acidifying components in Europe，1985，1987，1988，1989，1990 and 1991［M］. Norwegian Meteorological Institute. Meteorological Synthesizing Centre-West，1993.

赛中只有第一个到达终点的选手才能获得冠军①。一旦某个国家取得了重大突破，该国所提供的数量就代表着该项国际公共品的最终供给水平，其他国家的努力随之宣告无效，直到它们能够超越该国的水平。放宽对这一供给技术的约束，就得到了较强者供给技术，此时最强者的供给水平对国际公共品总体贡献的边际影响最大；其他次强者也具有一定的边际影响，只是要低得多；还存在部分“弱者”，它们的边际影响量则为零。

强者供给技术中同样涉及了博弈行为，并且这个博弈较为容易出现合作，因为这种情况下只需要某个参与国采取行动达到均衡状态即可。当该国际公共品是正常物品，采取行动的参与国将是取得最大成果的国家——往往就是最富裕或技术最先进的参与国。

博弈三：强者供给技术下的博弈一

博弈定义：

（1）博弈者集合、策略集合与信息集合：与博弈零相同

（2）收益函数：$U_i = G(\max\{q^1, \cdots, q^n\}) - c_i$，其中 G 表示参与国从国际公共品中获得的收益，$G: R_{\geqslant 0} \to R_{\geqslant 0}$ 为实函数，且为增函数，$G(0) = 0$。国际公共品的供给水平仅由“最强国”的供给数量 $\max\{q^1, \cdots, q^n\}$ 所决定。

博弈假设：

（1）参与国并不是同质的，并存在一个贡献量最大的参与国。在下面的分析中假设只有两个参与国 1 和 2，且两者的“强弱”是由其贡献努力程度的高低（而不是自然禀赋）所决定的，即两国的强弱地位可以转换。

（2）参与国的收益函数仅由本国从国际公共品中的收益量和供给成本决定，与其他国家的收益情况无关。

（3）一旦第一单位的国际公共品被其中某参与国首先提供出

① 研究也表明，在某些国际公共品供给过程中，尤其是科学技术研究方面，即使有明显的技术领先国，也不能排斥其他研究团队的努力，特别是具有不确定性的科研项目可能产生意外的研究突破。尽管最为先进的研究团队取得突破的可能性更大，但有时“运气”的重要性甚至超越了科研水平本身。

来，另一个参与国在其之后提供的一单位国际公共品将不产生收益。同样的，一旦某国首先提供了两单位的国际公共品，另一参与国少于或者等于两单位的贡献量均不会带来收益。

（4）每个国家都可以选择供给0、1或2单位某国际公共品。有效供给国际公共品为每个国家带来 B_i 的收益，i=0，1，2；参与国的收益函数随着国际公共品数量的增加而增长，但速度小于1，这意味着边际收益递减，即 $2B_1 > B_2 > B_1 > B_0 = 0$。每提供一单位供给公共品，两个参与国均承担不变的相同成本c，且 $0 < c < B_1$。

图3-6表示的是在强者供给技术中的两个参与国的博弈策略行为，有效供给的第1单位的国际公共品给两个参与国都带来 B_1 的收益，而2单位的国际公共品给两个参与国均带来共计 B_2 的收益①。由强者供给技术的特点可知，该国际公共品的供给水平并不是由个体简单加总的，不同参与国者之间的贡献量不能累积，只有同一参与国的贡献量才能相加——这种情况在现实中如科技研究等领域是很常见的，技术落后国所做的重复研究并不能促进某项尖端技术的进步。

		2		
		0单位	1单位	2单位
	0单位	0，0	B_1，$B_1 - c$	**B_2，$B_2 - 2c$**
1	1单位	$B_1 - c$，B_1	$B_1 - c$，$B_1 - c$	$B_2 - c$，$B_2 - 2c$
	2单位	**$B_2 - 2c$，B_2**	$B_2 - 2c$，$B_2 - c$	$B_2 - 2c$，$B_2 - 2c$

图3-6 强者供给技术下的博弈一

如图3-6所示，3×3的支付矩阵描述了两国各种策略的集合。如果参与国1提供1单位的国际公共品，而参与国2提供0单位的国际公共品，即未行动，那么参与国1获得的收益为 B_1、成本为c，则净收益为 $B_1 - c > 0$，而参与国2的收益同样为 B_1、成本却为0，则净收益为 B_1，其他情况类似。由图3-6可知，参与国双方均没

① 本书所涉及的均为“正常物品”，因而存在边际效用递减的情况。

有占优策略，该博弈具有两个纳什均衡，在图中加黑表示，即参与国 1 或者 2 中的某国提供两单位国际公共品，而另外一国不进行供给。如果可选的策略数量增加，即允许提供更多单位的国际公共品，均衡仍然将会是其中一国提供最大数量的国际公共品，而另外一国不供给。当然，在这个博弈中的行动与合作并不能等同，不行动并不一定意味着不合作。如果参与国的数量进一步扩充，当达到均衡后，仍将只有一个参与国进行供给，或多个参与国联合起来形成联盟以单一贡献者的形态进行供给①。与强者供给技术来提供国际公共品相对应的是"智猪博弈"模式②。当出现较强者供给时，在最强供给者供给水平之下的次强供给水平仍会给总体带来收益，从而会诱导其他参与国采取行动。如在科技创新中，非最先进参与国尽管未取得预期的成果，仍可能获得意想不到的其他收获，具有相当重大的价值。较强者供给技术激励着其他贡献量较小的参与国仍积极参与供给行动，从而具有增加原假定边际收益的可能。

在强者供给技术条件下，博弈中合作与不合作的含义发生了变化，当"强国"进行国际公共品供给时，"弱国"合作的表现并不是也随之进行供给，通过为强国分担成本的方式来间接提供国际公共品的策略才正是合作的体现。而线性加总技术下，合作就意味着直接进行供给。我们对博弈三的假设进行修订。

强者供给技术下的博弈二：

博弈假设：

（1）博弈三的假设（1）、（2）、（3）均保持不变。

（2）参与国都具有两个博弈策略：行动 A，即进行公共品供给；不行动（或称为等待）W，即不进行供给。

（3）两个参与国"强弱地位"是外生的，即由初始禀赋决定，

---

① 例如在近些年的全球气候治理中，欧盟多国联合起来积极采取行动，对遏制全球变暖起到了重要的作用，表现得像一个单一贡献者。

② "智猪博弈"是一个著名的纳什均衡的例子。假设猪圈里有一头大猪、一头小猪；并有安装着控制猪食供应按钮的食槽，按一下按钮会有 10 个单位的猪食进槽，但先到槽边按钮会首先付出 2 单位的成本，若大猪先到槽边，大小猪吃到食物的收益比是 9∶1；同时到槽边，收益比是 7∶3；小猪先到槽边，收益比是 6∶4。那么，在两头猪都有智慧的前提下，最终结果是小猪选择等待。

不由本国的努力程度改变。不失一般性地，设参与国 1 为强国，能有效单独提供国际公共品，此时两国均可获得收益 B，参与国 1 的成本为 C；参与国 2 为弱国，其单独提供国际公共品时两国收益为 b，参与国 2 的成本为 c，$b<B$ 且 $b<c$，表明其供给水平不足且成本大于收益。

在图 3－7 中，显然此时有 $B-C>0$，否则就没有提供的动机；同时我们假定 $C>c$，因为在现实情况中小国不能有效供给某项国际公共品，除科技达不到相应水平外，很多时候也是因为无力承担足够的成本，因此我们认为强国有效提供国际公共品的同时，所承担的成本也更大。当强国 1 采取行动时，由于 $B>B-c$，弱国 2 会选择不供给；而当强国 1 不进行供给时，在 $b-c<0$ 的制约下，弱国 2 也不会提供国际公共品，因此参与国 2 的最优策略就是不供给。而对于参与国 1 来说，如果参与国 2 也进行供给，此时需要比较 $B-C$ 和 b 的大小关系，如果 $B-C<b$ 则说明尽管此时国际公共品供给量未达到合意的水平，但强国 1 采取搭便车行为从中获益仍高于亲自进行供给，此时强国 1 不会自发提供，反之亦然。但既然已经知道参与国 2 的占优策略是不提供，那么对于参与国 1 而言，由于 $B-C>0$，因此它的选择只能是进行供给。综上，此时（A，W）就成为该博弈的纳什均衡，由于无论强国 1 的策略为何，弱国 2 的占优策略都是不行动，因而强国 1 只能在这样的前提下选择进行供给。

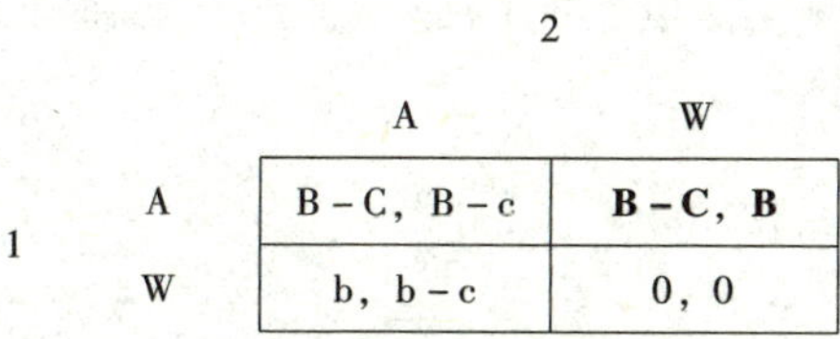

		2	
		A	W
1	A	B－C，B－c	**B－C，B**
	W	b，b－c	0，0

图 3－7　强者供给技术下的博弈二

从上面的分析中我们看到了“弱国剥削强国”的结果，这也正符合“智猪博弈”的预期。事实上，这样的情景在国际公共品的供给中并不罕见。例如美国食品药品监督管理局（U. S. Food and Drug Administration，FDA）对相关的食品、药品、疫苗和医疗设备等进行监督管理，投入了大量的人力和物力，制定了相对先进的安全标准。但 FDA 的安全标准可以几乎没有成本的被其他国家进行参考和借鉴，具有国际公共品的性质，其他国家既无需为此付费，也省去了本国进行标准制定的成本，而美国却不能因噎废食、放弃制定本国的安全标准，此时就出现了“智猪博弈”。为了解决这样一个困境，即削弱“弱国”搭便车的动机，而增加“强国”供给国际公共品的激励，强国和弱国之间有必要以谈判等方式进行合作，使得弱国不直接参与供给而是将其原本的潜在供给成本全部或部分补偿给强国，以作为其间接参与供给的贡献量。

强者供给技术下的博弈三：

保持强者供给技术下的博弈 1 中的博弈定义与假设不变，同时增加假设（5）：两国开展了积极的合作，当强国进行供给时，弱国对强国提供数量为 e 的补偿。

此时在强者供给技术下的博弈三，如图 3－8 所示。矩阵中其他三个单元格的情况与图 3－7 相同，但右上角的单元格变为（B－C＋e，B－e）。当 e＝c 时意味着只要强国 1 供给国际公共品，弱国 2 须将其所有成本全部补偿给强国 1，因而对于本国是否也供给的偏好是无差异的，选择策略 A 或者 W 没有区别；但只要 e 稍微小于 c，由于 B－e＞B－c，弱国 2 就有激励选择前面所描述的合作模式，让强国 1 进行生产、本国出资弥补成本；相反，如 e＞c，即进行补偿的数量超过本国直接供给时的成本，那么弱国 2 将选择亲自进行供给。

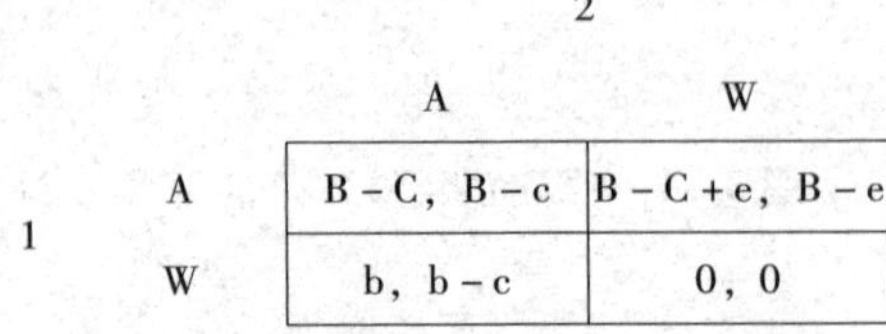

1 \ 2	A	W
A	B－C，B－c	B－C＋e，B－e
W	b，b－c	0，0

图 3－8　强者供给技术下的博弈三

更进一步，假设讨论的这项国际公共品只能由强国供给，弱国投入再多的成本也无济于事，例如在某项最新的尖端高科技研究领域中，美国起到了带头作用，只有美国的研发投入才能带来成效，而其周边的墨西哥等小国如果参与该项技术的研究将会耗费大量的成本却难以取得实质性进展。即在前面的图3－7中 $b<B-C$，这就意味着强国没有搭乘弱国的"便车"的机会，因为其从中获得的收益实在不如亲力亲为来得大。此时参与国1的占优策略就是行动，即使单独提供国际公共品也比坐享其成更有激励；参与国2的占优策略仍然是不参与直接供给。此时（A，W）这一策略组合变得更为可靠。

通过上面的分析可以看到，在强者或较强者供给技术条件下，不合作并不是主导策略，因为由此带来的净收益不全是最优的，强国一定程度上具有自发提供国际公共品的激励。此时，从不合作走向合作并不一定需要像线性加总技术条件下那样的高度强制性安排来实现，合作有可能在相关监督制度缺位的情况下较为自发地形成。强者供给博弈还需要注意以下几点：（1）"最强国"可能在国际公共品的供给中自然而然地形成垄断，造成其他国家都对该国产生依赖，导致"霸权供给"的出现。这样的结果也许会带来效率的提升，但更会造成不公平的局面。（2）强者供给常常与合作相联系，那么就必然涉及成本补偿的问题，如何让其他参与国公平合理的分摊成本，将成为合作中的难题与谈判的焦点。（3）从长期来看，重复博弈有利于合作程度的加深，但同时也可能造成各参与国间差距的不断拉大，强者越强，弱者越弱，双方均不满足现状，因此会产生重新谈判的动机（重新谈判博弈将在第4章中进行讨论）。

3.2.4 弱者供给（Weakest-Link）与较弱者供给（Weaker-Link）

与强者供给技术类似，"弱者供给"也明确区分了在国际公共品供给中，不同国家间的贡献水平有明显差异，"最弱国"反而决定了国际公共品的供给水平。弱者供给的定义可以表示为：

$$Q = \min\{q^1, \cdots, q^n\} \tag{3.5}$$

其中 q^i 表示参与国 i 对国际公共品的贡献量，国际公共品供给水平由“最弱者”的供给水平所决定。例如，2003 年“非典”（SARS）在全世界范围内爆发，在这样大规模急性传染病的防治过程中，哪怕大部分国家都采取了积极的防护措施，但只要有少数国家疏于防范，疫情就很有可能从这些国家爆发并扩散至全球，从而导致防治“非典”这一国际传染病的国际公共品供给失败。于是付出努力程度最小的国家，却往往在这种情况下直接决定了国际公共品的总体供给水平。类似地，还存在“较弱者供给”的情况，努力程度最小的国家拥有最大的边际影响，努力程度次小的国家拥有第二大的边际影响，最低供给水平之上的行为对总体数量增加的作用不断减小。

博弈四：弱者供给技术下的博弈一

博弈定义：

（1）博弈者集合、策略集合与信息集合：与博弈零相同。

（2）收益函数：$U_i = G(\min\{q^1, \cdots, q^n\}) - c_i$，其中 $G: R_{\geqslant 0} \to R_{\geqslant 0}$ 为实函数，$G(0) = 0$，表示参与国从国际公共品中获得的收益，并且国际公共品的供给水平仅由“最弱国”的供给数量 $\min\{q^1, \cdots, q^n\}$ 所决定。

博弈假设：

（1）参与国并不是同质的，并存在一个贡献量最小的参与国。在下面的分析中假设只有两个参与国 1 和 2，且两者的“强弱”是由其贡献努力程度的高低（而不是自然禀赋）所决定的，即两国的强弱地位可以转换。

（2）同博弈三的假设（2）。

（3）每个国家都可以选择供给 0、1 或 2 单位国际公共品。只有两个国家均选择提供 1 单位的国际公共品，总供给水平才为 1，两国均从中收益 B，否则总供给水平仍然为 0；同理，只有两国同时选择提供 2 单位国际公共品，此时的总供给水平才为 2，两国均获益2B。

（4）两个参与国供给国际公共品时均有相同的不变单位成本c，且B>c>0。

图3－9描述了弱者供给技术条件下的博弈。参与国1和2只有两个策略可选，不提供国际公共品（即0）或提供1单位。分析矩阵左上角四个单元格。如两个参与国都不行动，则净收益均为0；如参与国1提供国际公共品而参与国2却袖手旁观，则参与国1承受－c的净损失，同时参与国2也未实现“搭便车”，此时的支付为（－c，0）；如两个参与国同时进行供给，则均获得收益B、承担成本c，净收益均为B－c。可以看到该博弈没有占优策略，不行动未必是最优策略，矩阵中的（0，0）和（B－c，B－c）是该博弈的两个纯策略纳什均衡。

		2		
		0单位	1单位	2单位
	0单位	**0，0**	0，－c	0，－2c
1	1单位	－c，0	**B－c，B－c**	B－c，B－2c
	2单位	－2c，0	B－2c，B－c	2**B**－2**c**，2**B**－2**c**

图3－9　弱者供给技术下的博弈一

由于单独供给国际公共品不带来任何收益，还必须承担成本，因此两个参与国都不会独自进行供给，出现了纳什均衡（0，0）。如两国经过协商，决定开展合作共同提供国际公共品，那么由于B－c>0，原本不行动的国家参与供给会获得正收益，于是两国都有了供给1单位国际公共品的激励，此时的纳什均衡为（B－c，B－c）。以此类推，可知弱者供给技术的特点是博弈均衡集中于矩阵对角线上，即博弈参与双方共同行动、共同进退。由此看来，弱者供给的合作前景大为改观。当然，在图3－9所示的情形中，还存在第三个纳什均衡的可能性：当每个纯策略以一定可能性被执行时，会产生一个混合策略均衡。例如参与国1预测参与国2提供1

单位国际公共品的可能性为50%，提供0单位国际公共品的可能性也为50%，经计算，参与国1提供0单位国际公共品的预期净收益为0，而提供1单位的预期净收益也同样为0，因此参与国1对于是否供给的偏好是没有差异的。同样地，如果参与国2也认为参与国1行动的可能性为50%，那么参与国2同样是无所谓的。此时就出现了混合策略均衡。

当参与国可选策略增加到三个，即供给0单位、1单位或2单位国际公共品，则形成了图3－9中的完整矩阵。如果较小贡献者能提供2单位，则两个参与国均获得2B的收益；若其中一个参与国提供2单位国际公共品，而另一参与国仅提供1单位，则两个参与国均获得1单位公共品带来的收益B，但较大供给者承担成本为2c，而较小供给者仅承担成本c。通过计算，纳什均衡仍在矩阵对角线上，即两国同时提供2单位国际公共品。在实际中，最弱供给者会选择哪一个均衡，取决于其相关禀赋条件；当最弱（很多时候就是“最穷”）参与国决定其供给水平以后，其他参与国会根据这个最小供给量做出相同的贡献与之相匹配，因为额外的贡献量没有任何收益而只会承担额外的成本。

将条件放宽，即不要求严格的配对行为，就形成了较弱者供给博弈，此时有可能出现更多的均衡。对图3－9进行修正，除做出最小贡献的参与国以外，其他做出次小的贡献量的参与国也能对国际公共品的供给具有边际影响，但影响较小。如果完全配对（即两个参与国提供相同数量的国际公共品），每单位公共品带来B的收益；如果没有完全配对，尽管获得的收益较小，但并不为零，如果双方的贡献量水平相差i单位，就会产生收益B_i（$i=1, 2, \cdots, n$），且$B_1 > B_2 > \cdots > B_n$，表明双方配对程度越高则收益越大。但此时单位成本c与收益B_i之间的大小关系并不明确。得到图3－10。

		2		
		0单位	1单位	2单位
	0单位	0，0	B_1，B_1-c	B_1+B_2，B_1+B_2-2c
1	1单位	B_1-c，B_1	$B-c$，$B-c$	$B+B_1-c$，$B+B_1-2c$
	2单位	B_1+B_2-2c，B_1+B_2	$B+B_1-2c$，$B+B_1-c$	$2B-2c$，$2B-2c$

图3-10　较弱者供给技术下的博弈

从图3-10中可以看到，在较弱者供给技术中，只要参与国提供国际公共品就能带来收益，并不要求严格配对，但如果参与国的行动得到了另外一个参与国的回应，则这一单位的贡献量将带来更大的边际收益。矩阵对角线单元格的支付与之前图3-9相同，但非对角线单元格发生了变化。先考虑两个策略时的情况，当参与国2提供1单位国际公共品而参与国1提供0单位时，参与国2的净收益为B_1-c，而参与国1的净收益为B_1；反之亦然。此时各项成本与收益之间的大小关系就决定了不同的均衡解，例如$B=2B_1=2c$就会使得四个单元格都是该博弈的纳什均衡。而如果假定$2B_1>2c=B$，则参与国2不进行供给时，由于$B_1-c>0$，参与国1的策略是供给1单位；由对称性可知当参与国1不供给时，参与国2的策略是供给1单位，此时非对角线的两个单元格就成了新的纳什均衡，即一方供给、另外一方搭便车。而如果B_1的数值减小，又可能使得对角线的两个单元格成为新的纯策略纳什均衡，即此时重新回到了“匹配行动”的情形。然后我们考虑参与国有三个策略选择的情况，此时图3-10中的九个单元格之间的相互关系就变得更为复杂，即使没有完全匹配，较弱者提供的国际公共品仍然能带来一定的边际收益。在不同的成本—收益关系下，该博弈具有不同的均衡，比较乐观的情况是出现了七个纯策略纳什均衡，仅仅当某一参与国供给最多数量国际公共品（即2单位），而另一国提供最少数量（即0单位）时才不产生可匹配的均衡。这样的结果更有可能允许集体合作行为的出现，因为较弱者供给技术不要求完全匹配的合作。

在弱者供给技术条件下进行国际公共品供给，很容易消除“搭便车”的行为，从而形成合作。各参与国共同供给时的收益高于不合作，并且合作一旦形成，单独背叛者也不会从中额外获益。如在“非典”的国际防治合作中，世界各国若均不采取行动，尽管不用付出防止成本，但将承担更为严重的后果；如果大部分国家采取了行动，而少数国家没有积极应对，则仍可能出现“千里之堤，溃于蚁穴”的情况，这些“背叛者”也不会因此获益。通过以上的分析可以看到，以弱者供给的方式提供国际公共品接近于“猎鹿”博弈过程①。

利用猎鹿博弈分析弱者供给的情况。博弈定义与博弈四相同，博弈假设简化为：（1）两个参与国都具有两种策略合作（C）与不合作（N）；（2）合作为两国带来共同收益 B，而单独行动带来收益 b，且 B > b（根据来源故事中所描述的，甚至可给出更强假定如 B > 2b）；但一国合作、另外参与国不合作时，合作国将获得 0 的收益，不合作国仍获得 b 的收益。由此得到图 3 – 11。

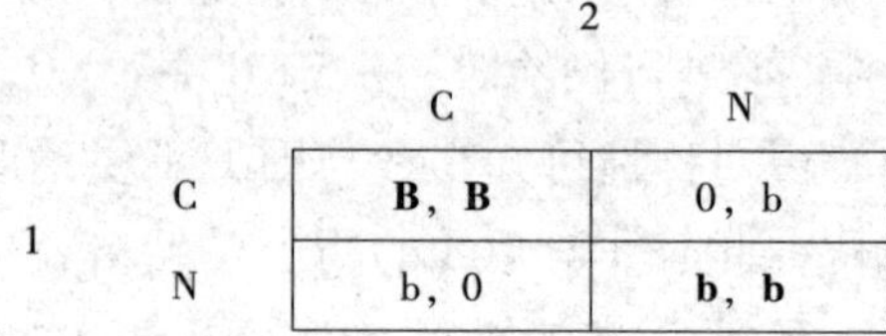

		2	
		C	N
1	C	**B，B**	0，b
	N	b，0	**b，b**

图 3 – 11　线性加总技术下的博弈三（b < B）

如图 3 – 11 所示，假设参与国 1 和 2 积极行动、通力合作时，可有效遏制病情，获得共同收益 B；当其中某一国搭便车时，采取行动的参与国支付为 0，意味着单方面的合作努力并不能带来多大

① 猎鹿博弈又称猎鹿模型（Stag Hunt Model）、猎人的帕累托效率，来源于卢梭的著作《论人类不平等的起源和基础》中的一个故事。古代的村庄有两个猎人，当地的猎物主要有两种：鹿和兔子。如果一个猎人单兵作战，一天最多只能打到 4 只兔子。只有两个猎人一起去才能猎获一只鹿。从填饱肚子的角度来说，4 只兔子能保证一个人 4 天不挨饿，而一只鹿却可以被两个猎人吃上 10 天。这样两个人的行为决策可以形成两个博弈结局：分别打兔子，每人得 4；合作，每人得 10。这样猎鹿博弈有两个纳什均衡点，那就是：要么分别打兔子，每人吃饱 4 天；要么合作，每人吃饱 10 天。

的集体收益，而搭便车国的净收益为 b，要远小于 B，说明尽管收益不多，却也聊胜于无；均不行动时两国的支付为 b，相当于“节约”防治成本所带来的“收益”。由于传染病的特殊性，仅有一国的努力是远远不够的。当然，此时博弈中的“弱者”并不一定是综合国力较弱的一方，只是特指在国际公共品供给中贡献量最小的国家。分析各个单元格，参与国的策略都将是：对方合作我也合作，对方背叛我也背叛。因此该博弈有两个纳什均衡解（C，C）与（N，N），并且前者的收益无论是对个体还是对集体而言都大于后者。

通过分析可以看到，弱者供给技术条件下的国际合作是较容易获得成功的。原本在“囚徒困境”中（N，N）的组合优于其他各种策略组合，而当博弈参与国的偏好发生变化以后，在猎鹿博弈中（C，C）优于（N，N），并且两者合作好于其他策略选择情况。此时，合作成为个体和集体的共同最优选择，而对于个体而言，本国背叛而期望对方合作不再是占优策略。囚徒困境中仅存在一个非合作博弈均衡，而猎鹿博弈中存在两个均衡，合作均衡优于非合作均衡，此时合作变得对参与双方更具吸引力，形成了帕累托改进。如果两国一开始就处于合作中，那么任何参与国都没有主动偏离的动机，因为从收益来看显然不合算。然而也需注意到，合作带来的收益往往是长期的，但选择不合作所带来的利益却是现期的，因此参与国就可能因短视而拒绝合作，在现实中这种可能性也是客观存在的。

3.3 国际公共品供给的非合作博弈一般模型与策略含义

3.1 节和 3.2 节对国际公共品供给过程中的一些博弈进行了分析，涉及如“囚徒困境”博弈、“斗鸡”博弈、“猎鹿”博弈等，并同时分析了不同供给技术（线性加总、加权加总、强者供给与较强者供给、弱者供给与较弱者供给等）对于各参与国是否提供国际公共品的行为带来的影响。简单来说，各参与国在这些博弈中具有两组不同的策略集合，即供给或不供给，以及合作或不合作，当然在供给行动中又存在提供多少单位国际公共品的贡献数量的差别。在此，我们也要区分供给行为和合作行为之间的差别，在前面所提到的供给是指直接生产或提供国际公共品的行为，但不供给并不一定意味着不合作，在有些情况下，参与国不直接进行国际公共品的生产，而是以成本分担或补偿的方式为采取行动的国家共同承担生产成本，这样的行为同样是合作，比如强者供给中所涉及的情景。归根结底，对成本—收益的权衡永远是理性国家采取不同行为与策略的根本原因，无论怎样变化也离不开这样一个出发点。因此，在本节中我们将构建非合作博弈的一般模型，重点研究以下几个问题：（1）求得一般非合作博弈中的纳什均衡解；（2）比较非合作博弈中纳什均衡解与帕累托最优解之间的关系；（3）分析国际公共品供给中的纳什反应函数；（4）解释博弈中各参与国所能选择的策略所代表的含义。

对于“私人消费者”而言，他们同时消费私人品与公共品，其总收入在储蓄、私人品与公共品的消费之间分配，私人品的消费数量和为其支付的成本是相对应的，而其享受到的公共品与公共服务的数量，往往与私人的贡献量是不匹配的。而当“消费者”这个概念延伸到主权国家层面，情况就不如私人那么清晰明了，形成了一个双层的消费结构——即同时由国内和国际两个层面决定，同时本国政府、其他国家、市场还有国内外非政府组织的作用在其中交错。简化起见，我们把国家“消费”的物品分为两大类，相对较为“私人”的一些物品与服务——在这里统称为本国物品，以及国际公共品①。

① 这里国际公共品既包括了国家提供国际公共品的行为，也包括了国家过度消费国际公共品的行为，甚至将涉及公害品（public bads）的情况。本国物品与国际公共品的区分标准参照第1章的概念界定，主要考虑受益范围与外部性。

3.3.1 一般模型

非合作博弈的一般模型命名为博弈五：

博弈定义：

（1）博弈者集合：$I=\{i: i=1, 2, \cdots, n\}$，即博弈主体为n个参与国。

（2）策略集合：$S=\{A_i \geqslant 0, i=1, 2, \cdots, n\}$，即参与国对国际公共品G的贡献量$A_i \geqslant 0$，可以选择供给，也可以选择不供给。

（3）信息集合：所有参与国对本国以及其他参与国的收益函数和策略集合具有完全的信息，但各国同时做出决策，即不知道对方的策略选择结果。

（4）效用函数：参与国$i \in I$，效用函数$U_i = U_i[x_i, L(A_1, A_2, \cdots, A_n)]$，

其中x_i为参与国i所消费的“本国物品”，这里L表示各参与国在国际公共品供给过程中不同的行为选择结合到一起的产出①。效用函数U_i是x_i、A_i和L的函数，表明参与国i的效用受其共同影响。

博弈假设：

（1）为简单起见，假定只有两个参与国i与j，并且两国只能够在本国物品x_i与国际公共品G之间进行选择。参与国i的效用函数是：

$$U_i = U_i[x_i, L(A_i, A_j)], i、j=1, 2 \text{ 且 } i \neq j \qquad (3.6)$$

（2）效用函数U_i边际效用是分别随着x或者L的增加而递减的，则$\partial U_i/\partial x_i < 0$，$\partial U_i/\partial L < 0$，即本国物品和国际公共品的边际效用都是递减的；且进一步假设交叉效用的偏导数$U_{xL} > 0$。

（3）假设两个参与国都没有储蓄，面临着如下的线性预算

---

① 例如“囚徒困境”博弈中两个参与国选择（合作，合作）、（不合作，不合作）、（合作，不合作）、（不合作，合作）这四种策略组合中任何一种组合将会带来相对应的国际公共品的供给水平。

约束：

$$x_i + c_i A_i = I_i,\ i = 1,\ 2 \tag{3.7}$$

并且令 x_i 的价格为 1，即两国消费的本国物品 x_i 是外生的，价格固定，差别在于消费的数量；而 A_i 的价格为 c_i；本国总收入 I_i 是一个外生变量。

求解博弈均衡：

将式（3.7）代入（3.6）可将参与国 i 有约束条件的最大化问题表示为：

$$\begin{cases} \max\limits_{x_i, A_i} U_i[x_i,\ L(A_i,\ A_j)] \\ \text{s. t. } x_i = I_i - c_i A_i \end{cases}$$

即 $\max U_i[I_i - c_i A_i,\ L(A_i,\ A_j)]$，$i、j = 1,\ 2,\ i \neq j$ （3.8）

式（3.8）中关于国际公共品供给行为的一阶求导条件是：

$$\frac{\partial U_i}{\partial A_i} = 0 \Leftrightarrow$$

$$\frac{\partial U_i}{\partial x_i}\frac{\partial (I_i - c_i A_i)}{\partial A_i} + \frac{\partial U_i}{\partial L}\frac{\partial L}{\partial i} = -c_i\frac{\partial U_i}{\partial x_i} + \frac{\partial U_i}{\partial L}\frac{\partial L}{\partial A_i} = 0,\ i = 1,\ 2(\ast)$$

定义：

$$\frac{\partial U_i}{\partial x_i} = U_{ix},\ \frac{\partial L}{\partial A_i} = L_i,\ \frac{\partial U_i}{\partial L} = U_{iL},\ \frac{\partial L}{\partial A_j} = L_j$$

从而（ * ）式可以被简化表示为

$$-c_i U_{ix} + L_i U_{iL} = 0,\ i = 1,\ 2 \tag{3.9}$$

对式（3.9）进行移项并两边同除以 U_{ix}，得 $L_i U_{iL}/U_{ix} = c_i$

由于 U_{iL}/U_{ix} 就是 L 对 x 的边际替代率，从而可得

$$L_i MRS^i_{Lx} = c_i,\ i = 1,\ 2 \tag{3.10}$$

式（3.10）表明 L 对于 x 的边际替代率（MRS）等于行动 A 的单位价格 c_i，权重意味着供给国际公共品的行动 A_i 对 L 的边际影响。

接下来假定两个参与国的预算约束不再固定，而是可以增加的，即 I_i 可以增加。那么我们将继续分析在参与国 j 的效用固定的情况下，如何使得参与国 i 的效用函数最大化，即求解帕累托最优

状态，如下面所示：

$$\begin{cases}\max\limits_{x_i,x_j,A_i,A_j} U^i(x_i, L(A_i, A_j)) \\ s.t.\ U^j(x_j, L(A_i, A_j)) = \overline{U}^j \\ x_i + x_j + c_iA_i + c_jA_j = I_i + I_j\end{cases}$$

其中$\overline{U}^j$表示参与国 j 的效用是固定的，最后一个等式表示两国总的可行性约束条件。可用拉格朗日乘数来求解上面的最大化问题，设 θ 为拉格朗日函数：

$$\theta = U^i - \lambda_1(U^i - \overline{U}^j) - \lambda_2(x_i + x_j + c_iA_i + c_jA_j - I_i - I_j)$$

其中系数 λ_1 与 λ_2 分别为拉格朗日乘数：

$$\begin{cases}\dfrac{\partial\theta}{\partial x_i} = \dfrac{\partial U^i}{\partial x_i} - \lambda_2 = 0 \\ \dfrac{\partial\theta}{\partial x_j} = -\lambda_1\dfrac{\partial U^j}{\partial x_j} - \lambda_2 = 0 \\ \dfrac{\partial\theta}{\partial A_i} = \dfrac{\partial U^i}{\partial L}\dfrac{\partial L}{\partial A_i} - \lambda_1\dfrac{\partial U^j}{\partial L}\dfrac{\partial L}{\partial A_i} - \lambda_2 c_i = 0 \quad (3.11) \\ \dfrac{\partial\theta}{\partial A_j} = \dfrac{\partial U^j}{\partial L}\dfrac{\partial L}{\partial A_j} - \lambda_1\dfrac{\partial U^j}{\partial L}\dfrac{\partial L}{\partial A_j} - \lambda_2 c_j = 0 \quad (3.12)\end{cases}$$

求解$\partial\theta/\partial x_i$和$\partial\theta/\partial x_j$得到：

$$\lambda_1 = -\frac{\partial U_i}{\partial x_i}\Big/\frac{\partial U_j}{\partial x_j}$$

$$\lambda_2 = \frac{\partial U_i}{\partial x_i}$$

将解出的拉格朗日乘数 λ_1 与 λ_2 分别代入（3.11）式：

$$\frac{\partial\theta}{\partial A_i} = \frac{\partial U^i}{\partial L}\frac{\partial L}{\partial A_i} + \frac{\partial U^i/\partial x_i}{\partial U^j/\partial x_j}\frac{\partial U^j}{\partial L}\frac{\partial L}{\partial A_i} - \frac{\partial U^i}{\partial x_i}c_i = 0$$

$$\frac{\partial L}{\partial A_i}\left(\frac{\partial U^i/\partial L}{\partial U^i/\partial x_i} + \frac{\partial U^j/\partial L}{\partial U^j/\partial x_j}\right) = c_i$$

和代入（3.12）式：

$$\frac{\partial\theta}{\partial A_j} = \frac{\partial U^j}{\partial L}\frac{\partial L}{\partial A_j} + \frac{\partial U^i/\partial x_i}{\partial U^j/\partial x_j}\frac{\partial U^j}{\partial L}\frac{\partial L}{\partial A_j} - \frac{\partial U^i}{\partial x_i}c_j = 0$$

$$\frac{\partial L}{\partial A_j}\left(\frac{\partial U^i/\partial L}{\partial U^i/\partial x_i}+\frac{\partial U^j/\partial L}{\partial U^j/\partial x_j}\right)=c_j$$

由于前面假定两国供给国际公共品的单位成本相同，而差别在于贡献的单位量不同，即 $c_i = c_j$。将两个结果式相加得到帕累托最优解：

$$L_i\sum_{j=1}^{2} MRS_{Lx}^{i}=c_i,\ i、j=1,\ 2,\ i\neq j \tag{3.13}$$

至此，我们求得了纳什均衡解和帕累托最优解，式（3.10）表示参与国满足纳什均衡时的行为，而式（3.13）表示参与国是在帕累托最优条件下的行为。

从式（3.10）可以看出，对于供给国际公共品的行为（特别是纯国际公共品）而言，由于两个参与国的贡献（即行动）都会使得产出量 L 增加，所以 $L_i>0$，$L_j>0$；而由于两个参与国的行为 A_i 与 A_j 是可以相互替代的①，即一个参与国提供了国际公共品以后，另一参与国倾向于减少贡献数量，此时有 $L_{ij}<0$。因此，对于供给国际公共品来说，行动 A（即提供公共品）可以视为是一种策略替代品。而对于过度消费公共资源的行为（例如无节制地在公海领域捕捞所带来的“公共地悲剧”或排放污染等制造国际公害品的行为），假设参与国 i 采取了行动，那么其产出 L_i 将会增加，但是另一参与国 j 的产出 L_j 则会随之减少，这是因为参与国 i 的行为带来了公共成本，从而损害了参与国 j 的利益，或是掠夺了公共资源，使得参与国 j 可消费的公共物品数量减少，即 $L_i>0$，$L_j<0$；同时如果参与国 j 采取的行动越多，那么参与国 i 对 L 的边际影响也就越大，即 $L_{ij}>0$。在这种情况下国际公共品不是“纯”的，而具有部分消费的竞争性，正的交叉偏导数是与国际公共品的拥挤成本相对应的，且每个参与国的行动增加将使公共成本变大。因此这属于典型的策略互补品的情况，每个参与国的行动都将引起其余参与国采取更多的行动。

从帕累托最优条件式可以看出，由于式（3.13）比式（3.10）

① 如 3.2 中所分析的线性加总供给技术、加权加总供给技术中的情况。

左侧多出了一个额外的 $L_i\ MRS^j_{Lx}$ 项，它表示由于外部性导致参与国 i 的行动对 j 的福利的边际影响。对于策略替代品而言，显然参与国 i 采取行动对 j 是有利的，即增加 j 的福利，所以 $L_i\ MRS^j_{Lx}$ 为正；反之亦然。所以，纳什均衡时的选择在国际公共品的供给中意味着行动不足，也就是国际公共品的供给数量不足；而在掠夺公共资源中却意味着行动过量，如产生“公共地悲剧”或提供国际公害品数量过多。

3.3.2 纳什反应函数

通过构建非合作博弈的一般模型，我们在前面求出了纳什均衡解和帕累托最优时的均衡解。对两种不同均衡情况的解进行简单比较，可以看出在国际公共品供给中各参与国选择不同策略的原因，以及“理性”的纳什均衡行为与集体福利最大化的帕累托最优的要求之间的差距。接下来，我们将关注纳什反应函数①，来观察参与国在博弈中的行为变化与策略选择。首先我们来研究国际公共品的供给中，各参与国的行为反应（这些行为更接近于纯国际公共品的情形）。

博弈定义：

博弈者、策略以及信息集合与非合作博弈的一般模型相同。

效用函数：参与国 $i \in I$，效用函数 $U_i = U_i[x_i, Q]$，其中 x_i 为参与国 i 所消费的“本国物品”，Q 表示国际公共品供给水平，$U(x_i, Q)$ 为连续增函数。

博弈假设：

（1）假定只有两个参与国 i 与 j，并且两国只能够在本国物品 x_i 与国际公共品之间进行选择。参与国 i 对国际公共品的贡献量为 q，则其他参与国（此时即 j）的贡献量为 $\tilde{Q} \equiv Q - q$。

（2）参与国 i 的预算约束是 $x_i + pq = I$。其中 x_i 的单位价格是

① 纳什反应函数（Nash reaction path），或称为纳什反应路径，指的是在以横轴和纵轴分别表示两位不同参与人行为的坐标系中，当给定一位参与人的行动选择时，另外一位参与人相应的反应与其选择的行为。

1，p 是供给国际公共品的单位成本，收入 I 是外生变量。

参与国 i 供给国际公共品的情况如图 3－12 所示。其中曲线 i、i′与 i″均为参与国 i 的无差异曲线，并且均与垂直的预算约束线 BB 相交，位置越高的无差异曲线代表着参与国 i 更高的效用。

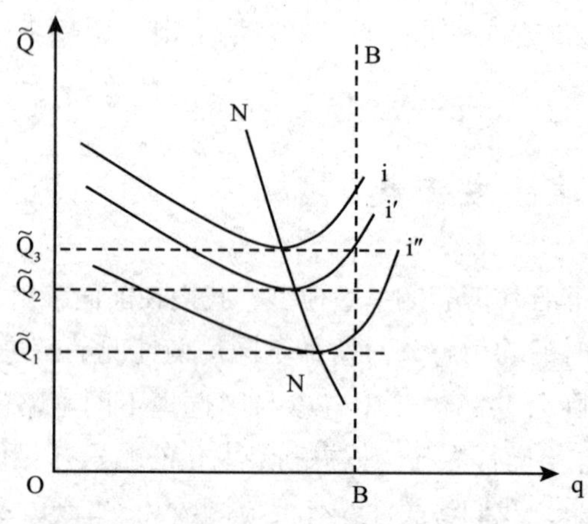

图 3－12　供给行为的纳什反应函数曲线

由于国际公共品的供给水平由两个参与国的贡献量所共同决定，因此如果总供给 Q 是给定的，那么参与国 i 的贡献数量 q 将由另外一个参与国（或者扩展到多国博弈时，就是其他所有参与国）所提供的贡献量 $\tilde{Q}$ 所决定，即其他参与国的行动所决定。对于每一给定的供给水平 Q 都可以在图中做出一条水平切线，与无差异曲线相切，得到的切点就是参与国 i 的内部最优点。将所有这些切点连接起来，就形成了曲线 NN，这条曲线表示在其他所有参与国都选择了本国最优策略从而决定了不同贡献量 $\tilde{Q}$ 时，参与国 i 的最佳策略选择反应。因此，曲线 NN 就被定义为参与国 i 的反应曲线，同时也被称为纳什反应函数曲线，因为它是参与国 i 对其余参与国的行动选择所采取的最佳策略选择反应①。

① 更多细节参见 Cornes R. The theory of externalities, public goods, and club goods [M]. Cambridge University Press, 1996.

从图 3－12 中可以看到无差异曲线的形状是先下降再上升的。在纳什反应函数曲线 NN 左边的情况很容易理解，当本国的贡献 q 一定时，其他国家的贡献量 $\tilde{Q}$ 越大，本国的效用自然越高；而当其他国家的贡献量一定时，自然也希望能够承担较小的成本。进一步分析曲线先下降后上升的形状成因，需参考图 3－13。

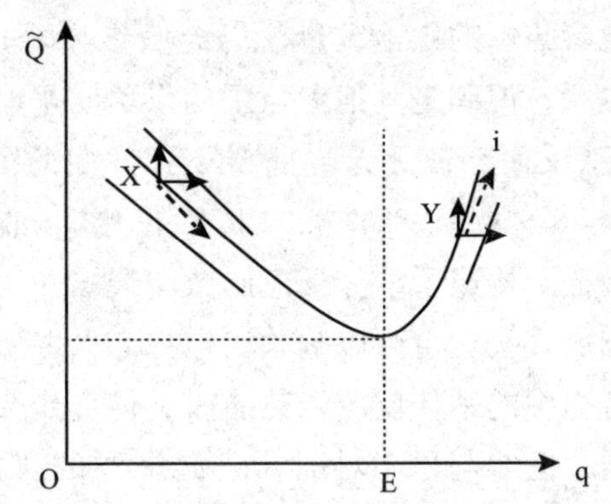

图 3－13　无差异曲线 i 先下降后上升形状的成因

图 3－13 中曲线 i 是从图 3－12 中选取的某条无差异曲线，在正常情况下随着提供国际公共品数量的增加，参与国 i 的边际收益递减，而边际成本递增。令 E 点为临界点，即边际成本等于边际收益的点，当超过该点以后边际成本大于边际收益。任意选取 E 点左边的某个位置 X 点，可以看到如果其他参与国的贡献量减少，参与国 i 为使本国的效用水平不变、仍然保持在无差异曲线 i 上，那么它就必须提高本国的贡献量水平。又由于边际成本递增，因此参与国 i 为弥补每 1 单位减少量所付出的贡献努力必然大于 1 单位，但此时对于该国而言，边际收益仍然大于边际成本，因此具有继续行动的激励。这种情况一直将持续到临界点 E。但如果越过临界点以后，在其他点如 Y 点所示位置，其他参与国以自愿或被强制的方式做出增加贡献量的行为选择，并且其贡献量足以弥补参与国 i，使其权衡从新的国际公共品供给水平 Q 中所获得的额外收益和因为继续供给所带来的负的净收益之后，仍然能保持原有的效用水平，那

么参与国 i 仍然会继续行动、增加对国际公共品的贡献量①。此时，无差异曲线就是先下降后上升的，且临界点 E 为最低点。

如果固定参与国 i 在 X 点时的贡献量 q，那么很明显，其他参与国的贡献量 $\tilde{Q}$ 的增加会使无差异曲线 i 向上移动，即参与国 i 的效用水平增加；如果固定 $\tilde{Q}$，那么增加 q 的数量同样也会使得无差异曲线移动到更高的位置。Y 点情况稍有不同，固定参与国 i 的贡献量而增加其他参与国的供给数量，仍会使参与国 i 的无差异曲线移动到更高的位置；但固定其他参与国的供给水平时，促使参与国 i 做出更多的贡献反而会使无差异曲线下移。由此可得到图 3－11 中所展示的在国际公共品供给博弈中 U 形的无差异曲线，并且这些无差异曲线的最低点构成了纳什反应函数曲线。

用类似的方法，我们也可以刻画出在掠夺公共资源或制造国际公害品等博弈行为中的纳什反应函数曲线。博弈定义和其他博弈假设与之前的相同，但参与国 i 对国际公共资源的“掠夺量”为 q，其他参与国（此时即 j）的“掠夺量”为 $\tilde{Q} \equiv Q - q$，如图 3－14 所示。由于任何参与国的行动都会给本国带来收益而使所有国家承担公共成本，并且这种损人利己的情况将随着各国行动程度的增加而恶化，在图 3－14 表现为效用水平越高的位置反而出现在位置越低的无差异曲线上。为了弥补其他国家采取行动给本国带来的损失，参与国 i 在其他国家选择行动时，也会做出相同的决定，即出现共同过度利用公共资源的“公共地悲剧”。每条无差异曲线也同样具有临界点 E，但这个临界点位于曲线的最高位置。临界点的左边表示参与国 i 的边际成本小于从掠夺行为中获得的边际收益，而超过这个点以后同样意味着边际成本大于边际收益，这往往是因为承担了过多的公共成本，类似的情况可以在如国际公共品供给的斗鸡博弈中出现。当其他参与国进行更多的行动时，如果参与国 i 保持原有行动，则本国效用水平将会降低；而当其他国家策略不变时，如

① 这样的情形往往会出现在国内公共品的供给中，如政府对于参与者支付额外的补贴；而在国际公共品的供给中，缺乏一个权威的“世界政府”来提供转移支付与补贴，因此这种情况并不常见。

果参与国 i 在达到临界点之前持续增加本国的行动，则其效用水平将不断提高，直到超越临界点以后情况才会恶化。此时，由所有无差异曲线的最高点组成的纳什反应函数曲线呈现倒 U 形。

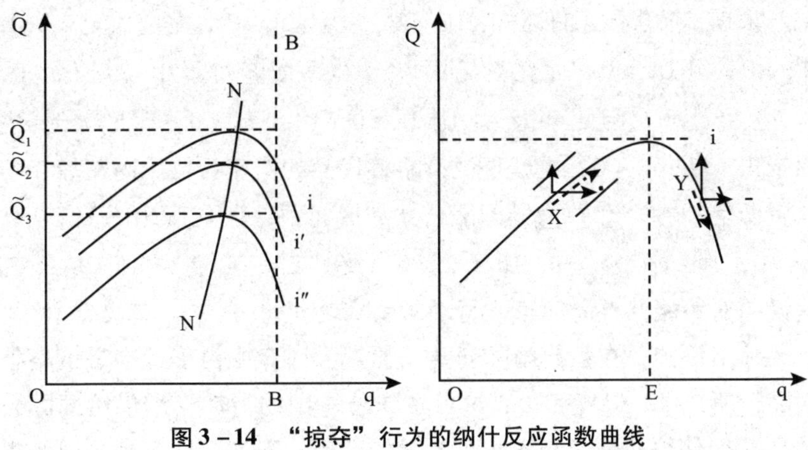

图 3－14　“掠夺”行为的纳什反应函数曲线

接下来，我们对纳什反应函数进行解析。定义函数 F 是最大化问题（3.8）的一阶条件，有：

$$F=\frac{\partial U^i}{\partial A_i}=\left(-c_i\frac{\partial U^i}{\partial x_i}+\frac{\partial U^i}{\partial L}\frac{\partial L}{\partial A_i}\right)$$

则根据式（＊），可以计算出参与国 i 的纳什反应函数曲线的斜率为：

$$\frac{\partial F}{\partial A_i}dA_i+\frac{\partial F}{\partial A_j}dA_j=\frac{\partial^2 U^i}{\partial A_i^2}dA_i+\frac{\partial F}{\partial A_j}dA_j=0$$

$$\frac{dA_i}{dA_j}=-\frac{\partial F}{\partial A_j}\Big/\frac{\partial^2 U^i}{\partial A_i^2}$$

将定义的函数 F 代入上面的斜率即可得到：

$$\frac{dA_i}{dA_j}=-\left[\frac{\partial\left(-c_i\frac{\partial U^i}{\partial x_i}+\frac{\partial U^i}{\partial L}\frac{\partial L}{\partial A_i}\right)}{\partial A_j}\right]\Big/\left(\frac{\partial^2 U^i}{\partial A_i^2}\right)$$

$$=-\frac{\left[-c_i\frac{\partial^2 U^i}{\partial x_i\partial L}\frac{\partial L}{\partial A_i}+\frac{\partial^2 U^i}{\partial L^2}\frac{\partial L}{\partial A_i}\frac{\partial L}{\partial A_j}+\frac{\partial U^i}{\partial L}\frac{\partial^2 L}{\partial A_i\partial A_j}\right]}{\partial^2 U^i/\partial A_i^2}$$

令 $L_j=\partial L/\partial A_j$，$U^i_{LL}=\partial^2U^i/\partial L^2$，$U^i_{xL}=\partial^2U^i/\partial x_i\partial L$，$L_{ij}=\partial^2L/\partial A_i\partial A_j$ 则可以将斜率简化写为：

$$\frac{dA_i}{dA_j}=-\frac{-c_iU^i_{xL}L_j+U^i_{LL}L_jL_i+U^i_LL_{ij}}{\partial^2U^i/\partial A_i^2} \tag{3.14}$$

根据二阶求导条件可知 $\partial^2U^i/\partial A_i^2<0$ 且 $U^i_{LL}<0$，之前假定 $c_i>0$，$U^i_{xL}>0$，且 $U^i_L>0$。而在供给国际公共品博弈过程中，有 $L_i>0$，$L_j>0$，$L_{ij}<0$，因此可得 $-c_iU^i_{xL}L_j<0$，$U^i_{LL}L_iL_j<0$，$U^i_LL_{ij}<0$，进而推出 $dA_i/dA_j<0$，也就是说策略替代品的斜率为负。而在掠夺公共资源等“掠夺”行为的国际公共品博弈中，存在 $L_i>0$，$L_j<0$ 和 $L_{ij}>0$，则 $-c_iU^i_{xL}L_j>0$，$U^i_{LL}L_iL_j>0$，及 $U^i_LL_{ij}>0$，得到 $dA_i/dA_j>0$。这说明对策略互补品而言，行动的斜率为正。

综上可知，在供给国际公共品的行为博弈中由于行动是策略替代品，所以 dA_i/dA_j 为负，这就意味着一国的行动（即供给国际公共品）会使得其他参与国减少本国的行动；而在掠夺行为的博弈中由于行动是策略互补品，所以 dA_i/dA_j 为正，这意味着一国的行动会引起其他参与国增加本国的行动。

3.3.3 领导—跟随行为

由于参与国不一定都是同质性的，如强者供给或弱者供给技术中，不同的国家地位并不对等，博弈的进展情况将稍有不同，有必要再进行细分。因此，我们延续纳什反应函数的研究思路，简单讨论一下领导—跟随行为①。

领导跟随者博弈，命名为博弈六：

博弈定义：博弈者、策略集合、信息集合以及效用函数都与 3.3.2 中相同。

① 领导—跟随者博弈行为的另外一种常见的阐述方式为“斯塔伯格模型”（Stackelberg Leadership Model），该模型常用于垄断厂商在生产中的战略选择行为，一个厂商先进行生产，另外一个厂商根据先动者的产量决定自己的产量。与古诺模型相比，斯塔伯格模型具有更高产量与更低的均衡价格。

博弈假设：

（1）3.3.2中的假设（1）、（2）仍然成立。

（2）两个参与国是不同质的，且设参与国1是“强国”即领导行动者；参与国2是“弱国”，即跟随行动者。这意味着在这样一个动态博弈中参与国1先行动，而参与国2根据1的策略选择后行动。

（3）参与国1的行动用A_1来表示，并且以参与国2的纳什反应函数作为其约束条件；参与国2的行动用$A_2(A_1)$表示，意味着每个行动A_1都在参与国2的纳什反应函数曲线上有一个对应的点。

对于参与国1而言，求效用最大化的解，就是选择行动A_1使得

$$\max U_1[I_1 - c_1A_1,\ L(A_1,\ A_2(A_1))] \tag{3.15}$$

可知式（3.15）的一阶求导条件为：

$$\frac{\partial U_1}{\partial x}\frac{\partial(I_1 - c_1A_1)}{\partial A_1} + \frac{\partial U_1}{\partial L}\left(\frac{\partial L}{\partial A_1} + \frac{\partial L}{\partial A_2}\frac{\partial A_2}{\partial A_1}\right) = 0$$

即：

$$-c_1\frac{\partial U_1}{\partial x} + \frac{\partial U_1}{\partial L}\frac{\partial L}{\partial A_1} + \frac{\partial U_1}{\partial L}\frac{\partial L}{\partial A_2}\frac{\partial A_2}{\partial A_1} = 0$$

令$U_{1x} = \partial U_1/\partial x$，$U_{1L} = \partial U_1/\partial L$，$L_1 = \partial L/\partial A_1$，$L_2 = \partial L/\partial A_2$，则可得：

$$-c_1U_{1x} + L_1U_{1L} + L_1U_{1L}(dA_2/dA_1) = 0 \tag{3.16}$$

在图3-15中，我们将纳什反应函数曲线简化成线性的，则直线N_1N_1表示参与国1的纳什反应函数曲线，而直线N_2N_2则表示参与国2的纳什反应函数曲线。N点表示纳什均衡，P点表示N_1N_1与N_2N_2在该点同时满足帕累托最优。尽管无法确定帕累托最优点P的准确位置，但是我们可以知道纳什均衡与帕累托最优的相对位置。在图3-15（a）表示的是国际公共品中的供给博弈行为，此时N点的位置要比P点低，因为由前面的分析已经得到，在供给行为中纳什均衡意味着供给不足，是要低于帕累托最优的供给水平的。图3-15（b）表示的是国际公共品中的掠夺行为，N点的位置则要比P点高，因为在掠夺公共资源行为中纳什均衡意味着过量

供给（过量行动），此时纳什均衡下的行动水平要超过帕累托最优。而S点是领导—跟随均衡点，它处于参与国2的纳什反应函数曲线N_2N_2之上，表示在领导跟随博弈中达到均衡以后，参与国2根据参与国1的行为选择做出的本国最优策略选择。

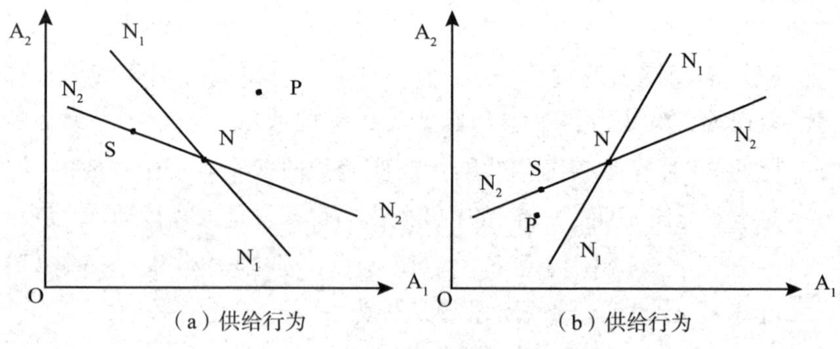

（a）供给行为　　（b）供给行为

图3－15　纳什均衡与帕累托最优

比较式（3.16）与纳什均衡式（3.9），可以发现式（3.16）左边多出了第三项，用H代替该项，其他内容都一样。分析图3－15（a）、（b）所代表的情况，可以清楚地看到，领导—跟随均衡点的位置S与纳什均衡解的位置关系是不一样的。由于在供给国际公共品的行为博弈中，有$L_1>0$，$U_{1L}>0$，且$(dA_2/dA_1)<0$导致H小于0。这也就是说在这种情况下领导国在国际公共品中的贡献量将要小于纳什均衡下的贡献量；而由于此时纳什反应函数的斜率为负，这就意味着跟随国（即参与国2）必须要贡献更多的数量。从而在图3－15（a）中，领导—跟随行为的均衡点S在纳什均衡点N的左边（即S点高于N点）。而在图13－5（b）所示的掠夺行为博弈中，由于假设$L_2<0$，$U_{1L}>0$并且$(dA_2/dA_1)<0$，因此H是大于0的，导致点S位于点N的右边（S点低于N点），这就意味着领导者（即参与国1）意识到自己的行为会诱导跟随者（即参与国2）采取相似的行动，所以会减少其掠夺行为。

3.4 本章小结

3.1节分析了国际公共品供给中最常见的困境，即囚徒困境，揭示了追求利益最大化的个体“理性”导致的集体“不理性”，是带来国际公共品供给不足的直接原因。但由于囚徒困境属非零和博弈，在国际公共品的供给过程中某参与国的所得并不与其他国家所失相等，即“利己”行为并非必然建立在“损人”的基础上，因而仍存在“双赢”的可能性。同时，许多国际公共品的供给要通过长期的、多次的重复博弈过程，在这个过程中一直采取不合作策略并不一定是占优策略，各参与国有机会修正本国的策略选择从而进行合作。将一味追求个体利益最大化转变成追求总体的福利最大化，将成为破解国际公共品供给中的博弈困境的重要途径之一，使得各国从不合作走向合作。

3.2节中分析了国际公共品本身所固有的性质决定了其供给方式，不同技术对应的博弈类型也不一样，分别涉及了“囚徒困境”博弈、“斗鸡”博弈、“智猪”博弈与“猎鹿”博弈等，从而导致博弈走向了不同的结局：合作或者不合作。在不同的情况下，各参与国的行动积极性与搭便车的激励会随之变化，需要相应的制度安排与成本收益的调整，促进博弈形成合作均衡。

3.3节中以参与国仅消费两种物品——本国物品与国际公共品为假设前提，将前面两节中的非合作博弈进行了一般化的模型推导和分析，并计算了纳什反应函数。得出结论，博弈形成的纳什均衡未达到帕累托最优，与之对应的策略选择在供给中意味着行动不足，而在掠夺公共资源或提供公害品中却意味着行动过量，如产生“公共地悲剧”；供给国际公共品的行为博弈中，行动是策略替代品，一国的行动（即供给国际公共品）会使得其他参与国减少行动，而在掠夺行为的博弈中行动是策略互补品，一国的行动会引起其他参与国增加行动；领导国对跟随国的行为具有示范作用，引起后者行动的变化。

因此我们可以看到，国际公共品的供给前景仍然是乐观的，在不同情况下根据国际公共品的性质与参与国的相关情况，可以通过合适的制度安排与利益分配，使得供给博弈困境被破解，从不合作走向合作。

第 4 章

国际公共品供给的合作博弈分析

4.1 国际公共品供给的讨价还价博弈

4.1.1 “讨价还价”与合作的关系

通过第 3 章的分析，我们可以看到纳什均衡合理地预测了国际公共品供给的非合作博弈的结局，特别是在囚徒困境中不合作的结果。但这样的均衡对于所有参与国来说，都远未达到合意的结果，纳什均衡没有使得国际公共品供给的参与国达到双赢状态，反而陷入了困境之中，各参与国之间进行的是非合作博弈。只要不是无限次重复囚徒困境博弈，或满足特定的条件，相互合作的结局就难以实现，因为（不合作，不合作）是唯一的纳什均衡解，但这样的结果与（合作，合作）所带来的支付和净收益实在相差太远。既然如此，真正的“理性”参与国会清楚地认识到，为什么彼此之间要采取背叛而不是相互合作的策略呢？单纯的利己最后带来的是“损人不利己”，而只有既利人又利己，才是真正的最优策略。但是采取这样的策略时要防止被对手所背叛，因此最好的办法就是通过事前的某些手段来确保双方信守承诺、进行合作。这样原来的非合作博弈就自然而然地转变为合作。

在这样一个过程中，可以采取的手段较多，甚至包括冲突、武力威胁等方式，但对于国际公共品的供给而言，最佳手段莫过于"讨价还价"的谈判与签订协议（公约）等。通过这样的方式，相当于对非合作博弈进行了一次合作变换，将其转变为合作博弈。在合作博弈中，参与国除原有的策略选择外，还增加了如何去合作以及为实现合作而采取讨价还价行为所带来的新的策略选择。

为进行合作而产生的讨价还价可以有不同的结果。例如在某片公共水域的渔业资源捕捞权谈判中，两个相关参与国共享资源总量为1，那么分配方案就会呈现出（x，1-x）的形式，其中0≤x≤1。只要其中任何一个参与国获得的份额既不为0也不为1，也就是两国都有收益，那么这个结果就将好于两国一无所获的情况。可以说，在这个博弈中，所有满足条件的（x，1-x）都是纳什均衡，因为两个参与国都不会偏离这个策略状态，否则一无所获。一般来说，最为人们所能接受的方式就是"绝对平均"，即所有参与国获得的份额是一样多的。但在现实中，对收益要实现绝对平均的分配，或是在"满足程度"上实现绝对平等[①]，是很难做到的。那么面对如此之多的纳什均衡，究竟选择哪一个解，使得参与国都能满意，从而保持甚至加深合作的进程，就需要求合作博弈的纳什均衡，即讨价还价方案。

解决多重均衡的办法并不唯一，在国际公共品供给的合作博弈中，比较可行的是谢林（Schelling，1960）提出的聚焦理论[②]。该理论认为，存在多重纳什均衡的情况下，参与者有可能将注意力聚焦于某个特定的均衡，于是这个均衡就常常成为众望所归，成为所有参与者博弈行为的均衡。在国际公共品供给问题中，能够成为各

---

① 有些时候，参与国并不追求数量上的平等，而是追求所谓的公平或正义层次上的平等。

② 这一概念是由美国诺贝尔奖获得者 Thomas Schelling 于1960年在《冲突的策略》一书中提出的。他首先提出了 Schelling point（聚焦点），是博弈论中人们在没有沟通的情况下的选择倾向，做出这一选择可能因为它看起来自然、特别或者与选择者有关，他描述道"每个人期望的聚焦点是他人期望他本人期望被期望做出的选择。"

国焦点均衡的，可能包括参与国的国家政策、国际关系、国家经济实力、共同利益或文化历史背景与传统等。例如处于技术领先，而擅长领域又有所差别的几个国家，更可能进行国际科技合作；欧洲各国地理位置毗邻，拥有较为相似的历史文化传统，经济发展水平相近，而各国公民之间更有着复杂的血缘关系，因此在构建欧盟这种国际制度公共品以及进行其他国际合作方面的障碍相对较小，这些因素都有利于将参与国的注意力引向某个特定结局。

有些讨价还价问题可以依靠参与国自发找到“焦点”，但很多情况下并不是由参与者自行找到的，或即使找到了也不愿意执行，因为这样对于本国不利。在这种情况下，就可能采取“焦点仲裁者”（arbitration）的办法来解决国际公共品的供给问题。如果该仲裁者具有一定的国际地位和权威性，或者在处理矛盾冲突方面有良好的历史，参与国相信其他国家也会像本国那样去接受约束，此时仲裁者提出的均衡将是解决困境的途径。在现实中，仲裁者往往是具有权威性的国际组织或者某些大国，比较典型的代表有联合国和欧盟；另外将在第6章中进行分析的“保护莱茵河国际委员会”（ICPR），也是一个成功的仲裁者。

4.1.2 国际公共品供给的讨价还价解

对于所有的利益相关国，合作给它们带来的效用将远远高于单独行动时的情况，从而带来与对手合作的激励；同时由于个体的理性，它们希望在合作中本国尽可能地分配到更多的利益。此时就涉及参与国对“相对利益”的追求，即合作博弈中的利益配置问题，这是产生谈判与讨价还价的原因，也是研究讨价还价博弈的出发点。国际合作中的讨价还价，是对已有的或者合作之后能够得到的利益或支付的分配，或对共同承担成本的分摊。为便于分析问题，我们将国际公共品的讨价还价博弈研究限于对两个参与国的分析①。

① 相关内容参见施锡铨．合作博弈引论［M］．北京：北京大学出版社，2012.

讨价还价的合作博弈，命名为博弈七：

定义特征函数形式的讨价还价合作博弈是一个有序对偶（V，v），V 是二维空间 $\Re^2$ 的一个闭凸子集，$v=(v_1, v_2)$ 是 $\Re^2$ 中的一个点，并且

$$V \cap \{(x_1, x_2) \mid x_1 \geqslant v_1, x_2 \geqslant v_2\} \tag{4.1}$$

是非空有界集合。

其中：（1）博弈者集合：$I=\{i: i=1, 2\}$，即博弈主体为 2 个国家。

（2）可行配置集 V 是（x_1，x_2）的集合，x_1 表示参与国 1 从讨价还价中获得的效用，x_2 表示参与国 2 获得的效用。

（3）初始状态 $v=(v_1, v_2)$，v_1，v_2 表示参与国 1、2 单独行动时获得的效用；此时 v 被称为意见不一致时的配置，或者是无法达成协议的配置（disagreement payoff allocation）。

就两个参与国进行的讨价还价博弈展开分析，如果通过谈判形成了合作，那么参与国 1 与 2 获得的共同效用可记为 $v(\{1, 2\})$，并且两国从中可以分别获得 x_1、x_2，当然分配的效用必然要大于两国单独行动时可以分别获得的效用，并且有 $x_1+x_2=v(\{1, 2\})$。显然，由（x_1，x_2）组成的集合 V 是二维空间 $\Re^2$ 的一个子集，而且它应当包含两个极端点，即（$v(\{1, 2\})$，0），（0，$v(\{1, 2\})$），即其中有一个参与国获得了合作所带来的所有好处。

考虑到讨价还价过程中的两个参与国是合作博弈中的理性人，因此它们最终所获份额一定不能少于（至少应该等于）每个参与国单独供给国际公共品时的收益（或承受的净损失），否则不必合作。假设谈判成功，两个参与国配置是 $x=(x_1, x_2)$；如果无法达成一致意见而使谈判失败回到原来单独行动的状态，则得到初始状态 $v=(v_1, v_2)$。可以说，v_1、v_2 是两个参与国谈判时的底线，少于这个底线的任何谈判都将失败，导致合作无法产生。因此对于任意可行配置 $x=(x_1, x_2)$，都要求有 $x_1 \geqslant v_1$，$x_2 \geqslant v_2$。由于集合（4.1）是有界的，因此在合作中至少有一种配置情况能够使得每个参与国合作之后得到的支付不会比它们的底线要差，这是讨价还价

即谈判的基础。

对于求解讨价还价模型，其实质就是从可行性配置集合 V 中选取某个合理的配置，使得其成为谈判或仲裁的结果，将这个配置设为 Ø(V，v)，也就是讨价还价问题的解函数。所谓的合理在国际关系中往往有不同的解释，在不同的具体案例中，从不同的立场出发，每个国家认可的合理也是不一样的。例如在全球气候治理的过程中，发达国家认为“合理”就是发展中国家与发达国家共同承担减少温室气体排放的成本，发展中国家也要有相应的减排指标；而发展中国家认为发达国家需要为其历史上所造成的损失买单，因此“合理”的方案是制定强制发达国家进行减排、发展中国家自愿参与进行治理的制度；而对于部分处于极度危险中的小岛屿联盟国家，他们所认为的“合理”还将赋予减排更为严格的指标（如到2020年为止全球温室气体减排85%这样一个目标）。因此，采取各国折中、共同认可的准则所得到的解，相对来说容易被接受。

根据“纳什公理”，我们可以得到讨价还价纳什均衡解①。两人讨价还价问题存在唯一纳什讨价还价解，可以表述为：对于两人讨价还价博弈（V，v），存在着满足纳什公理②的唯一讨价还价解，它是使得纳什积 $(x_1-v_1)(x_2-v_2)$ 达到最大的 (x_1, x_2)，即纳什讨价还价解是如下问题的解：$Ø(V, v) \in \arg\max(x_1-v_1)(x_2-v_2)$。

由于合作博弈强调的是效用配置，而效用又分为可转移和不可转移两类，我们一般考虑的主要是可转移效用的讨价还价问题，所谓可转移效用，通常假定存在某种物品（常使用货币来代替），可以在参与国之间自由的相互转移，任何一个参与国将由于多得到一个单位的物品而增加相应的效用。因此在可转移效用的合作博弈中，总是假定每个参与者的效用函数是关于该物品的

① 由于公理系统的不同，合作博弈可以有不同的解的概念，这也正是合作博弈与非合作博弈研究之间明显的差异之一。

② 包括个体理性、帕累托强有效性、对称性、等价支付描述的不变性以及无关选择的独立性这五个性质。

线性函数。

假设（V，v）是可转移效用的两人讨价还价问题，以 v 表示两个参与国可共同实现的最大可转让货币量，则可行配置集 V 通常有如下形式：

$$V = \{(x_1,\ x_2) \in R^2 \mid x_1 + x_2 \leqslant v\} \tag{4.2}$$

如果谈判未达成一致，两国不能进行合作，则 v 就是不可实现的，彼此只能接受原来意见不一致点所带来的收益（v_1，v_2）。这样关于（V，v）的描述就有三个临界值 v，v_1 与 v_2。显然博弈的解应该位于 $x_1 \geqslant v_1$，$x_2 \geqslant v_2$，$x_1 + x_2 \leqslant v$ 所围成的区域，而纳什讨价还价解位于帕累托最优曲线 $x_1 + x_2 = v$ 上，如图 4－1 所示，其中纵坐标表示参与国 1 的理性 v_1，横坐标表示参与国 2 的理性 v_2。

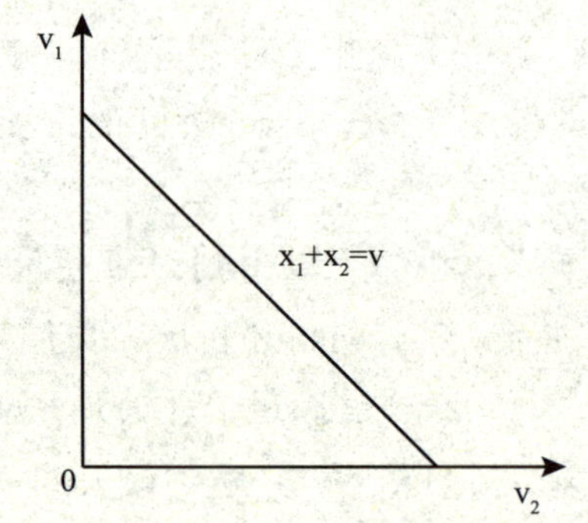

图 4－1　纳什讨价还价解的可能区域

纳什均衡解应该位于双曲线 $(x_1 - v_1)(x_2 - v_2) = c$ 与直线 $x_1 + x_2 = v$ 相切的切点，可以解得：

$$\varnothing_1 = \frac{1}{2}(v + v_1 - v_2),\ \varnothing_2 = \frac{1}{2}(v - v_1 + v_2) \tag{4.3}$$

式（4.3）说明在国际公共品供给中，参与国为提高本国效用可做两方面努力：提高本国底线 v_1 保证更多的最低收益，或尽可能降低对方的底线 v_2。因此，当意见不一致时双方的原有效用能够极大限度地影响到讨价还价的结果。

4.2 国际公共品供给中的重新谈判

在国际合作中，讨价还价的具体表现形式就是谈判，这是促成国际合作的重要渠道。一方面，国际谈判往往是很艰难、需要进行多轮交锋的，如每年召开的全球气候大会上，针对温室气体减排的合作与执行情况进行一轮又一轮的谈判，但收效甚微。另一方面，即使谈判达成了合作协议，也难免杜绝参与国在实施过程中进行背叛，包括未能按照规定执行协议，或变本加厉滥用公共资源等。在这种情况下，就会触发相关国的“重新谈判”行为，而这对于信守承诺的国家是不公平的，因此需要对它们进行奖励；而在新的谈判过程中，也需要对背叛者处以惩罚。只有做到赏罚分明，才能够保证合作的顺利进行，防止重新谈判的出现。

4.2.1 有限重复博弈与重新谈判

完全信息的重复博弈，在每个阶段都存在参与国的策略博弈，也称为阶段博弈，可以在各个时刻重复实施。假设在国际公共品供给中，参与国陷入了不合作博弈（如囚徒困境），则其纳什均衡是（N，N）且唯一，支付为（P，P），很明显劣于选择合作策略组合（C，C）时的支付向量（R，R）。而在有限次重复博弈中其子博弈均衡仍唯一，在每个阶段博弈中参与国都会选择（N，N）策略，即不合作，在任何阶段参与国都不能通过合作达到（C，C）解。

现在，我们在囚徒困境的阶段博弈中引入新策略D，代表讨价还价后的折中方案，优于不合作，但劣于合作均衡。由于该方案是由双方共同达成的，因此只有策略组合（D，D）才有意义，并且其代表的支付B满足 $P<B<R$。由于S代表最差的情况，不妨设 $S=0$，有 $T>R>B>P>0$。

从图4－2可知，新的阶段博弈有两个纳什均衡（N，N）和

(D, D)，且显然（D, D）优于（N, N）。如果4在下一阶段博弈开始前，参与国可观察到上一阶段博弈的结果，那么其选择就可能受到影响，这个假设也是符合现实的。当博弈到达最后一阶段时其结果必然满足纳什均衡，但此时新的阶段博弈有两个纳什均衡，参与国会根据上一阶段的结果来预测最终阶段的策略选择。如果参与国在上一阶段仍然选择相互背叛的策略（N, N）[①]，那么最终阶段的支付必然是（P, P），可视为对双方缺乏诚意的一种惩罚。相反，假如参与双方就国际合作达成一致，那么上一阶段就会选择(C, C)，而最终阶段选择（D, D），这是在满足纳什均衡下最合意的结局，可视为对参与国的奖励。

		2		
		C	N	D
	C	(R, R)	(0, T)	(0, 0)
1	N	(T, 0)	(P, P)	(0, 0)
	D	(0, 0)	(0, 0)	(B, B)

图4-2　增加策略D后的阶段博弈

简化起见，我们不妨设该有限重复博弈共两个阶段，这并不会使策略选择发生实质性变化。根据对图4-2中阶段博弈的分析，我们计算出两阶段博弈的总支付矩阵，如图4-3所示。

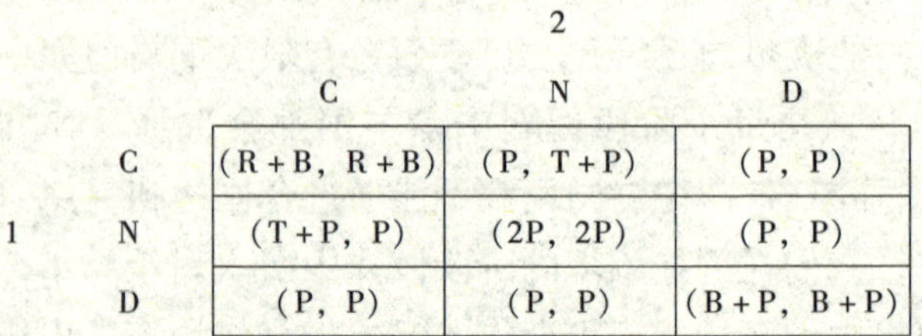

		2		
		C	N	D
	C	(R+B, R+B)	(P, T+P)	(P, P)
1	N	(T+P, P)	(2P, 2P)	(P, P)
	D	(P, P)	(P, P)	(B+P, B+P)

图4-3　两阶段博弈的支付矩阵

① 事实上，即使在最终阶段开始前参与双方进行了谈判，且意向为合作（C, C），但在实施过程中也可能发生偏离，因其毕竟不是纳什均衡。

图4－3中九个单元格分别代表在不同情况下两个阶段博弈支付之和，由于只有在第一阶段选择了（C，C），才能在第二阶段达到（D，D）的纳什均衡，因而只有左上角的单元格是加上了支付（B，B），而其他均增加了不合作的惩罚（P，P）。图4－3中有三个纳什均衡（C，C），（N，N）和（D，D），分别对应两阶段重复博弈的三个子博弈完美均衡（（C，C），（D，D）），（（N，N），（N，N））和（（N，N），（D，D））。显然（（C，C），（D，D））优于其他两个子博弈完美均衡，并且它表示了在第一阶段参与国可以进行合作。将博弈阶段重复到n次，我们将发现参与国的态度与普通囚徒困境的有限次重复博弈发生了变化，参与国可以在前n－1阶段中合作，而最后一阶段仍然选择纳什均衡（D，D）；如果有某个参与国在某阶段发生了偏离，那就采取“以牙还牙”策略惩罚到底。

但在两阶段博弈中，一旦发现第一阶段的结果不是合意的（C，C）就在第二阶段选择（N，N）似乎并非是理性行为，显然纳什均衡（D，D）对所有参与国是更优的选择。于是，在有限重复博弈中就出现了重新谈判的可能性，对利益最大化的追求放弃对背叛者的惩罚。假设不管第一阶段如何，第二阶段都取（D，D）而非（N，N），那么将第二阶段支付矩阵加到第一阶段后，会与原来的阶段博弈具有完全相同的纳什均衡。这就意味着第一阶段合作的可能性被破坏了，因为（（C，C），（D，D））不再是两阶段重复博弈的子博弈完美均衡了。因此，作为可信的威胁和承诺，一旦第一阶段出现偏离合作，第二阶段可供选择的纳什均衡中不能出现（D，D），即不容许再次讨价还价。

防止重新谈判的可能，一个可行的途径就是要做到“赏罚分明”。如果无论惩罚或者奖励，都采用了处于帕累托前沿的纳什均衡[①]，那么重新谈判的要求不会得到其他参与国的响应。当某个参

① 当某个博弈具有多个纯策略纳什均衡时，对于其中的某几个纳什均衡，不存在任何一个纳什均衡帕累托占优于其他任意一个均衡时，我们称这几个纳什均衡为阶段博弈的纳什均衡支付集合的帕累托前沿（pareto frontier）。

与国在第一阶段偏离时，第二阶段存在相应的策略对该参与国进行惩罚；当双方同时偏离时，也可以协商在第二阶段采取另外的策略作为补偿而不是惩罚。这些策略都是帕累托前沿的纳什均衡，因此没有参与国会要求重新谈判。这是因为在惩罚单独背叛者的同时又给予信守承诺者以奖励，信守承诺者不会在第二阶段再出现追求其他均衡的可能。由此可见，赏罚分明所形成的子博弈完美均衡能够防止重新谈判的可能，而能否赏罚分明就跟结果是否位于帕累托前沿的纳什均衡有关①。

伯恩海姆（Bernheim，1987）② 提出的"帕累托完美"是众多防止重新谈判均衡中最为有效的方法之一③，它将帕累托占优与子博弈完美巧妙地结合在一起。定义 Eff(C) 为 n 维欧式空间中的任何集合 C 中强有效点的集合，即这些点 x 满足对任意的 $x \in C$，不存在 $y \in C$ 且 $y = x$，使得 $y \geqslant x$。

对于给定的策略型博弈 G，令 G^T 表示以 G 为阶段博弈的 T 次重复博弈，再以 P^T 表示 G^T 的所有纯策略子博弈完美均衡的支付集合。特殊的，令 $Q^1 = P^1$，$R^1 = Eff(P^1)$。对于 $T > 1$，令 $Q^T \subseteq P^T$，表示这样的纯策略子博弈完美均衡的支付集合，可以通过第二阶段开始的子博弈，利用纯策略子博弈完美均衡的支付集合 P^{T-1} 中强有效后续支付 R^{T-1}，得 $R^{T-1} = Eff(P^{T-1})$。

如图 4-4 所示，我们在图 4-3 中加入了 E、F 和 G、H 策略，人为地使支付矩阵再次扩大。此时该讨价还价博弈具有四个纯策略纳什均衡，即（N，N），（D，D），（E，G）和（F，H）。显然（D，D）是帕累托优于（N，N）的，但（D，D），（E，G）和（F，H）三者之间没有明显的优劣，因而它们均位于该博弈纳什均衡的帕累托前沿。图 4-4 中新增加的支付 L 满足 $P > L > 0$。

① 具体解释过程参看下文与图 4-4。

② 施锡铨．合作博弈引论［M］．北京：北京大学出版社，2012.

③ 注意，由此得出的子博弈完美均衡在所有子博弈完美均衡集合中可能并不是帕累托有效的，但是这个子博弈完美均衡是帕累托完美的，也就是可以防止重新谈判的均衡，而其他子博弈完美均衡不是防止重新谈判均衡。

		2				
		C	N	D	G	H
	C	(R, R)	(0, T)	(0, 0)	(0, 0)	(0, 0)
	N	(T, 0)	(P, P)	(0, 0)	(0, 0)	(0, 0)
1	D	(0, 0)	(0, 0)	(B, B)	(0, 0)	(0, 0)
	E	(0, 0)	(0, 0)	(0, 0)	(R, L)	(0, 0)
	H	(0, 0)	(0, 0)	(0, 0)	(0, 0)	(L, R)

图4-4　增加策略E、F、G、H以后的阶段博弈

图4-4具有两阶段重复博弈，并假设在第二阶段开始前观察到第一阶段的结果，则可以预测以下结局。

（1）如第一阶段是（C，C）[①]，即双方合作，则第二阶段为（D，D）。

（2）如第一阶段是（C，y），y为除C以外的任何策略，则意味着参与国2偏离了合作，那么第二阶段的结局为（E，H），表示参与国2受到了惩罚，获得的支付为L，而参与国1得到了补偿，其支付为R。

（3）由对称性可知，如第一阶段是（x，C），x为C以外的任何策略，则意味着参与国1偏离了合作，那么第二阶段的结局为（F，G），表示参与国1受到了惩罚，获得的支付为L，而参与国2得到了补偿，其支付为R。

（4）如第一阶段是（x，y），即二者同时偏离了合作，则第二阶段的结局仍为（D，D）。

由以上预测，将第二阶段得到的支付与第一阶段相加，得到新的支付矩阵（如图4-5所示）。

如果将图4-5看成一个新的纯策略博弈的支付矩阵，则（C，C）、（N，N）和（D，D）是它的三个纯策略纳什均衡，分别代表

① 此时（C，C）是唯一令双方最为满意的选择，但它仍然不是阶段博弈的纳什均衡。

		2 C	N	D	G	H
	C	(R+B, R+B)	(R, T+L)	(R, L)	(R, L)	(R, L)
	N	(T+L, R)	(B+P, B+P)	(B, B)	(B, B)	(B, B)
1	D	(L, R)	(B, B)	(2B, 2B)	(B, B)	(B, B)
	E	(L, R)	(B, B)	(B, B)	(B+R, B+L)	(B, B)
	H	(L, R)	(B, B)	(B, B)	(B, B)	(B+L, B+R)

图4－5　新的两阶段博弈的支付矩阵

了两阶段重复博弈的三个子博弈完美均衡（（C，C），（D，D）），（（N，N），（D，D））和（（D，D），（D，D）），并且由于（R+B，R+B）优于（B+P，B+P）和（2B，2B），所以（（C，C），（D，D））是优于其他两个子博弈完美均衡的，即它在所有子博弈完美均衡集中是帕累托占优的。

从而可得：

$P^1=\{(P, P), (B, B), (B+P, L), (L, B+P)\}=Q^1$

由于（P，P）<（B，B），因此从 P^1 中去掉（P，P）之后，得到：

$$R^1=Eff(P^1)=\{(B, B), (B+P, L), (L, B+P)\}$$

而这是一个两阶段重复博弈，所以T最多为2，

$P^2=\{(R+B, R+B), (B+P, B+P), (2B, 2B)\}$，$R^2=(R+B, R+B)$。

当t=1时，历史 $h_1=(C, C)$，其后续支付（B，B）$\in R^1$，可见（(C，C)，(D，D)）满足定义，因此它是帕累托完美的，也就是防止重新谈判的均衡。

4.2.2　无限重复博弈与重新谈判

在上面的有限重复博弈中，我们从最后一个时期着手、利用递归方法，找到了帕累托完美的条件，从而解决了如何防止重新谈判

问题。在国际公共品供给中，如环境保护、能源治理、科技合作等众多方面，由于其持续时间的长久性和结束时间的不可知，或无法明确何时为最后一阶段博弈，因而可视为无限重复博弈过程。在处理无限重复博弈的帕累托完美时，后推归纳的方法就失去了作用，此时可借助法瑞尔和马斯金（Farrell and Maskin，1989）① 所提出的"弱方重新谈判"（Weak Renegotiation Prevent，WRP）概念②。

重新考虑囚徒困境的阶段博弈，它具有唯一的静态纳什均衡（N，N）即不合作，"总是相互背叛对方"是无限重复博弈的子博弈完美均衡，支付向量为（R，R）。在无限重复博弈中即使有重新谈判，最后仍然也会走向相互背叛的老路。但是在这个无限重复囚徒困境中，不是所有的子博弈完美均衡都像"总是背叛"那样不存在重新谈判的可能。若采取以牙还牙策略，即最初参与国进行合作，一旦有偏离合作者则实施惩罚使得以后永远回到静态纳什均衡（N，N），即子博弈完美均衡，并且双方最初的合作状态带来的益处显然是帕累托优于不合作情况的，这个结果激励参与国重新谈判从无休止的惩罚回到合作状态实现双赢。这种情况从一开始就考虑了总是合作的策略，是对于双方最优的途径。于是出现了通过重新谈判回到"总是合作"的可能性。

两种情况下参与国所采取的策略不一样，究其原因是获得的支付向量不一样。在总是背叛的策略剖面中其支付向量是（R，R），无论从哪个时期 t 开始的后续支付依然是对应于原来均衡的支付（R，R），因此不存在重新谈判的必要。但在以牙还牙策略前提下，一开始采取的是合作策略，因此我们的合作协议可能支付包含了总是合作所带来的收益也包含了发生偏离后惩罚到底的情况。无休止的惩罚比合作要差，所以参与国有动力通过重新谈判回到合作的状态。

---

① Farrell J，Maskin E. Renegotiation in repeated games ［J］. Games and economic behavior，1989，1（4）：327 - 360.

② 事实上也存在"强方重新谈判（SRT）"，但它的存在性有问题，不属于本书讨论的内容。

弱方重新谈判的出发点是根据某种外因来影响原有均衡下的支付集合 Q，使得 Q 在任意时刻 t、任何历史 h 都是可以被实现的[①]。Q 中每个支付必须也同时对应某个均衡的后续支付。如果在这样构造的 Q 中没有一个均衡的支付是帕累托劣于 Q 中的另一个均衡支付的，这样的 Q 就是弱方重新谈判的，即 Q 为 WRP。前面所提到的单点集（R，R）是 WRP，因为在任意时刻“总是背叛”的后续支付都是（R，R）；但根据以牙还牙策略所构造的 Q 不是 WRP，因为总是合作优于无休止的惩罚。

如果贴现因子 δ 充分接近于 1，一直保持合作是无限重复囚徒困境的弱方重新谈判的结局。特别地，两个参与国采取“补偿”策略的策略剖面是 WRP 并且为有效支付。其具体策略为，两国都从合作（C）开始，如果某国单独偏离到 N，那么就转向对该参与国的惩罚状态，此时该参与国取 C 而另外一个参与国取 N，这个惩罚状态一直延续到第一次出现由该背叛者取 C 而整个博弈回到合作状态为止。在这种情况下，背叛者的支付是 S，而另一参与国的支付为 P，因此构成了对前者的惩罚和对后者的补偿。

我们假设参与国 1 首先偏离合作状态，那么它将接受一个周期的惩罚，如果它甘愿被罚并且在之后回到了合作状态，则之后的持续总支付为：

$$S + R(\delta + \delta^2 + \delta^3 + \cdots) = S + \frac{R\delta}{1 - \delta} \tag{4.4}$$

贴现率总和为：

$$\sum \delta = 1 + \delta + \delta^2 + \delta^3 + \cdots = \frac{1}{1 - \delta}$$

因此其平均持续支付为：

$$\left(S + \frac{R\delta}{1 - \delta}\right)(1 - \delta) = (1 - \delta)S + R\delta \tag{4.5}$$

但假设参与国 1 并不甘心受罚，坚持再偏离一次，则结果为

① 之所以从子博弈完美均衡出发，是因为在无限重复博弈中，我们总是以子博弈完美均衡作为问题的解或预测，现在要处理的是在这样的子博弈完美均衡策略剖面中，参与国是否会受到鼓励去要求重新谈判。

(N, N), (C, N) 和以后一直合作的状态，那么可以计算得到其平均持续支付为：

$$(1-\delta)\left\{P+S\delta+\left(\frac{R\delta^2}{1-\delta}\right)\right\}=(R-S)\delta^2+(S-P)\delta+P \tag{4.6}$$

将式（4.6）与式（4.5）做差，并为了方便比较，将原来经典囚徒困境博弈中的数值 $S=-10$，$R=-8$，$P=-2$ 代入可得：

$$(4.6)-(4.5)=9\delta^2-11\delta+2=(\delta-1)(9\delta-2) \tag{4.7}$$

由于贴现率 δ 接近于 1 但小于 1，可知，当 $\delta\neq 1$ 则式（4.7）将小于 0，即意味参与国坚持偏离不如老老实实回到合作状态。

然后让我们来考察参与国 2 在参与国 1 偏离合作时的不同平均支付。当参与国 1 偏离并且参与国 2 同意对其惩罚时，参与国 2 的平均支付为：

$$(1-\delta)\left(T+\frac{R\delta}{1-\delta}\right)=(1-\delta)T+R\delta \tag{4.8}$$

如果参与国 2 不惩罚参与国 1，而是在其背叛后立刻进入合作状态，则此时的平均支付为：

$$(1-\delta)\left(\frac{R}{1-\delta}\right)=R \tag{4.9}$$

由于式（4.8）－式（4.9）$=(1-\delta)(R-T)$，而已知 $R<T$，则只要 $\delta\neq 1$ 就有式（4.8）大于式（4.9），即为了自身利益最大化，参与国 2 应该按照策略设定的方式来惩罚参与国 1。

所以在合作状态时任何一个参与国的偏离将触发惩罚周期，当贴现率 δ 充分接近于 1 时不会给自己带来好处，因此这个策略首先是子博弈完美均衡。

对任何时刻 t 和任何历史 h_t，无非有三种情况：合作、参与国 1 背叛或者参与国 2 背叛；对应这三种情况的子博弈平均持续支付分别为（P, P）、（$T\delta+S$, $T+S\delta$）以及（$T+S\delta$, $T\delta+S$），这三个支付组合之间没有一个帕累托优于或者劣于另一个的情况。因此按照 WRP 的定义，这个策略剖面的支付集是 WRP。在无限重复囚徒困境中得到上述有效 WRP 支付的关键是使用（C, N）惩罚了偏离的参与国，而信守诺言者又从中得到了奖励。

4.3 国际公共品供给的联盟博弈

4.3.1 联盟博弈模型

两国讨价还价问题是最简单的合作博弈，但在现实中并不能简单地在形式上推广到多国的讨价还价问题上。一个公正的局外人——仲裁者可以比较容易地让两个参与国协商和谈判，并达成合作协议，在国际公共品的供给中共同出力。但当参与国的数量逐渐增加，各国之间的经济发展水平差异巨大、地理位置相隔甚远、国际关系错综复杂以及各种其他利益纠葛不断，很难使它们都达成一致。参与的国家越多，需要照顾的各方面利益的难度就越大，国际社会很难让美国和古巴在控制碳排放方面做出相当的努力，而欧盟国家也不会为保护远在南美洲的热带雨林轻易买单，长期的、间接的利益显然不如眼前的直接利益更为重要。

当博弈参与国只有两个时，“意见不一致点”比较容易确定；当参与国数量增加到多个时，意见不一致点难以确定；另外即使谈判破裂，也不一定意味着这 n 个国家都会各自单干——因为，即使无法组成一个合作的大联盟，但只要高于单干的收益，其中部分国家之间完全可能形成较小的联盟，它们可能是利益相近，可能是位置相邻，也可能是发展水平相同，甚至是文化传统类似或历史关系友好。若这个大联盟中的部分参与者从其组成的子联盟中获得的收益大于各自为政时的利益，那么它们讨价还价的底线就提高了——由原来单干的收益变成了从子联盟中能获取的收益。但 n 的数量越大，子联盟可能的数量就越多，形式也越复杂，这样将严重影响到意见一致的达成。

例如，n 个国家协议筹资研究治疗一种新的传染疾病。由于各个国家受该疾病的危害程度不同导致其需求不同，从而影响到愿意付出的成本上限数量；同时，受医疗卫生与科技水平的影响，各国单独研究成本也不尽相同。假设这些国家单独攻克该传染病的成本依次为 c_1，c_2，c_3，…，c_n，这些国家合作研究的总成本为 c①。一般地，共同研究将使各国都有可能节省成本。这是一个典型的 n 人博弈，如果通过谈判能够达成协议，则参与国均受益；如果谈判失败，各国的成本也未必就会等于（c_1，c_2，c_3，…，c_n）。假设其中的国家 i 和 j 已经组成子联盟，在谈判破裂时各自负担 c/2 的成本且 $c_i < c/2$，$c_j < c/2$，则将明显优于各自独立研发的情况。这样一来在大联盟谈判中国家 i 和 j 的底线就由原来的 c_i、c_j 变成了 c/2。而这里提到的子联盟只是可能性的一种，因为我们将被迫面临更为复杂的联盟之间相互作用问题的讨论和分析②。

多个参与国希望通过谈判、讨价还价等各种形式达成合作协议，这是一个合作博弈，在整个集合中，所有 n 个参与国的联合构成了“大联盟” N，每一个参与者本身构成了一个最小的子联盟，两个或两个以上的参与国就构成了其他的子联盟组合形式。因此，具有实质性有形的子联盟个数共有 2^n-1 个，这些就组成了参与国的集合。

联盟合作博弈，命名为博弈八：

定义具有特征函数的联盟合作博弈模型：特征函数形式的合作博弈是一个有序对偶（N，v），它包含了参与国集合 N 和从 $2^N \to R$（实数）得出的特征函数 v。

（1）博弈者集合：$N=\{i: i=1, 2, \cdots, n\}$，即博弈主体为 n 个国家，并且这些国家共同构成了大联盟 N。

（2）2^N 是所有子联盟组成的集合，其中任意子联盟记为 $S \in 2^N$，S 泛指任何子联盟，至于哪一个参与国属于这个子联盟并没有明确

① 正常来说 c 要小于 c_n，否则合作研究效率过于低下，还不如单独研究的成本低廉，但 c 大于 c_n 的可能性也是存在的，比如存在搭便车行为、摩擦成本等，但显然参与国更关心自己需要承担的成本而非总成本。

② 当然影响到意见不一致点的确定从而影响到最终分配的因素不完全取决于 n 国这个封闭集团内部联盟之间的影响，也往往存在局外人的外部机会，使得某些局中人可能希望去探索新的途径。在此我们不予考虑这种情况。

的表示。令 S 的 n 维特征向量记作 e^S，它的第 i 个元素为：

$$e_i^S = \begin{cases} 1, & \text{如果 } i \in S \\ 0, & \text{如果 } i \in N \backslash S \end{cases}$$

其中 $i \in N \backslash S$ 表示 i 国属于大联盟 N 但不属于子联盟 S。

（3）定义特征函数 v(S)，它是反映联盟总体收益的集值函数，表示 S 中的成员无须与 N\S 中的成员国发生联系就能获得的可转移效用或支付，同时 N\S 的任何联盟也不能阻止 S 子联盟的成员国获得 v（S）的联盟收益。

通常以特征函数 v 来确定某个联盟博弈，特征函数构成的集合记为 G^n。利用特征函数 v 和参与国大联盟集合 N 就确定了联盟博弈的形式，似乎比非合作博弈中还少了一个要素，即策略空间。但事实上，非合作博弈关心的是策略，研究如何通过参与国在博弈中做出决策以使得本国收益最大化；而合作博弈特别是联盟博弈关心最后的分配结果，而不考虑得到所取得结局的具体过程与细节。另外，支付中也包括了收益和成本两个部分，因此支付可能为正，也可能为负。所以在国际公共品供给的联盟博弈中，参与国的选择或者是使本国获得正支付数量最大，或者是使本国获得负支付数量最小。

4.3.2 国际公共品供给合作中的收益分配：核与 Shapley 值

在构建了联盟博弈的基本形式以后，我们就面临着具有可转移效用（或支付）的国际合作中的最基本问题之一：如果 n 个国家形成了一个大联盟，那么如何分配大联盟供给国际公共品带来的收益，或分担它们的成本。要解决这个问题，就需要求联盟博弈的解。博弈的解必须考虑到每个参与国的分配所得和每个子联盟的分配所得，因为如果子联盟对分配不满意，那么它们就有脱离大联盟的可能性，使得合作失败。关于联盟合作博弈的解，至少有两种方案，即具有多个支付向量的“集值解”——“核”（core），或是点解的 Shapley 值。

我们要从可行配置中挑选出更为合理的配置以达到维系大联盟合作的目的，因此这个解然必须满足如下条件，即不存在任何 $S \in 2^N \setminus \{\emptyset\}$，使得这个 S 可以改善 x。当然，这个目标只针对具有内部凝聚力[①]的联盟博弈才有意义。从可行性配置集合中挑选出来满足这种要求的配置全体就构成了可行性配置的子集，也就是博弈的一个集值解，被称为核（core）。

博弈 $v \in G^n$ 的核 $C(v)$ 为如下集合：

$$C(v) = \left\{x \in I(v) \middle| \sum_{i \in S} x_i \geqslant v(S), S \in 2^N \setminus \{\emptyset\}\right\} \quad (4.10)$$

在式（4.10）中我们所定义的支付是正的，这就意味着支付是分配给参与国的，个体理性使得每个参与国或联盟的要求都是多多益善。而如果面对成本分担时，有些支付是负的，那么在讨论中，仅仅需要将该式中的不等号反向即可。

联盟博弈的“核”解几乎能够满足所有参与国都认可的理性条件，不但每个参与国个体是理性的，同时任何形式的子联盟也是理性的。因此核又被认为是所有联盟或集团的理性支付的集合。但核最大的缺陷就在于有可能是空集。一旦核为空集，就不能从核出发来处理国际公共品供给问题。另外，德布鲁等（Debreu et al.，1963）证明了交换经济中的两个结论，揭示了竞争均衡与核之间的密切关系：第一个结论是“竞争均衡配置集合包含在核内”，即竞争均衡具有联盟的稳定性；第二个结论实际上就是核收敛定理，陈述了当经济规模越来越大时，核收缩于竞争配置集。因此在一个相当规模的经济中，核与 Warlas 竞争均衡之间没有什么本质性差别[②]。

联盟博弈的另一个重要解就是 Shapley 值。它具有重要的意义，因为这个概念中只包含唯一点解，同时它既合理又无任何争议，非常符合各国处理矛盾和冲突时常有的良好愿望，也解决了核所带来

① 所谓的“凝聚力”就是指该联盟所能给予参与国的效用要比其他任何联盟或单干形式时要多。

② Debreu G，Scarf H. A limit theorem on the core of an economy [J]. International Economic Review，1963，4（3）：235－246.

的多方案、不能统一的问题。

由于形成与加入联盟的先后顺序，以及联盟利益的分配方式不同，每个参与国在集体供给国际公共品时所获得的收益是有差别的。比如在某些国际组织形成的过程中，后加入的国家有可能“坐享其成”，既可以不用承担先加入国家为组建该组织所付出的努力与成本，又可以按照已经形成的协议享受有利的分配方案。在两国讨价还价问题中，“沾光”的机会均等是两国谈判的结果，利益均等的思想也可以推广到多国合作的联盟博弈中来。假定我们对所有参与国进行排列，然后让它们按照这个排列顺序逐个加入大联盟中来，常常是越在后面的国家越有利，因此每个位置的参与国都会获得包括其本国和前面先行进入联盟的各国结盟所带来的边际贡献。对于这样的排列和分配规则，所有参与国都希望自己的位置往后排。因此谈判的理想结果就是让每个国家处于每个位置的概率相同，或最后得到的配置应当是 n! 个可能的支付向量的算术平均数。

博弈 $v \in G^N$ 的 Shapley 值 $Ø(v)$ 是边际支付向量的算术平均：

$$Ø(v) = \frac{1}{n!}\sum_{\sigma\in\pi(N)} m^{\sigma}(v) \tag{4.11}$$

定义明确指出 Shapley 值是博弈的一点解。事实上，如果将 σ 看成是随机抽取的一个排列，那么由于 σ 的随机性，参与国 i 在任何一个位置出现的概率都是一样的，按照前面所说的分配原则，该参与国在每个位置都接受由本国以及前面各国所组成的联盟创造的边际贡献，于是 Shapley 向量中的第 i 个分向量 $Ø_i(V)$ 恰好是按照上述随机程序参与国 i 得到的期望支付。

比较“核”与 Shapley 值。两者都是联盟博弈的解，无论是满足“核”解还是 Shapley 解都有可能为各参与国提供愿意共同遵从的合作方案。但是“核”并不是唯一的，满足核条件的可行性配置可能有无穷多个；另外，“核”也可能是空集，即可能找不到一种分配方案，可以被所有子联盟都接受。但是核配置使大联盟具有凝聚力，由于联盟合作中的任何国家或子联盟都是理性的，对于各种各样的分配方案，它们都会从理性出发做出优劣的判断，“核”正是“占优”的，并且往往也同时是稳定集。而 Shapley 值则是“一点解”，避免由于多个解带来的困境：如在遇到国际冲突时，不同的国家或子联盟会提出各自的解，尽管这些解都有合理之处，但对于最终解决问题会带来麻烦。此时 Shapley 值对应的解既合理又无争议之处，符合人们处理矛盾时的良好愿望。但是 Shapley 值未必满足个体理性公理，即并不是所有参与国按照 Shapley 值分配方案所获得收益比本国进行单独行动时要多、或至少相等，这就可能导致参与国具有偏离大联盟的意愿和可能。但是在某些场合，Shapley 值仍然可以视为合意的，因为在当前国际社会中，为了解决矛盾与冲突，也许谈判的方案不得不让某些国家放弃一些暂时的利益，从而保证大联盟获得更大的效用，但是从长远来看，这些国家可能因此获益，从以后的利益中得到了补偿，此时的分配方案也是可以接受的。由于证明过程比较烦琐，“核”与 Shapley 值的各项性质和计算过程在此略去，关于联盟博弈解的具体应用，将在案例分析（第 5、6 章）中涉及。

4.4 本章小结

本章延续第 3 章的分析，主要进行了两方面的研究：继续讨论非合作与合作博弈的转化关系；如何在已经形成的合作中，维持合作的持续进展，包括防止参与国偏离合作的措施、合作收益的分配与成本的分摊。

首先研究了“讨价还价”行为对合作的促进作用，得出结论，通过事前的某些手段来确保双方信守承诺，这样原来的非合作博弈就自然而然地转变为合作。讨价还价行为相当于对非合作博弈进行了一次合作变换，将其转变为合作博弈。其中，“意见不一致点”对于讨价还价问题的解决具有重要作用，可以通过参与国的自发行动，包括承诺、威胁甚至冲突的办法，或通过“仲裁者”的调节进行确定。在国际公共品的供给合作中，参与国为了提高本国的效用，可以做两方面的努力：提高本国的底线或尽可能降低对方讨价还价的底线。

接下来对参与国在已经形成的合作过程中出现背叛行为的博弈进行了研究。得出结论，此时会触发协议制定各国的“重新谈判”行为，而重新谈判行为是对原有合作的偏离，既没有效率，也会对信守承诺的国家带来不公平；只有做到赏罚分明，才能够保证合作的顺利进行，以及防止下一次重新谈判的出现。另外发现，在有限重复博弈中，博弈次数对于参与国的策略选择有所影响；而在无限重复博弈中，如果贴现率接近于1，则参与国背叛的动机较小，并且信守承诺的国家要对背叛国采取惩罚措施才能保证本国利益最大化。

最后研究了国际公共品供给中的联盟博弈。两国讨价还价问题并不能简单地扩展到多国的情况，当参与国数量增加时需要使用联盟博弈进行分析。得出结论，联盟对于合作具有促进作用；联盟之内往往还存在子联盟；谈判的破裂不一定意味着所有国家都会单独行动，因为可以通过结成子联盟的方式继续合作；联盟中涉及利益分配的问题，即参与国的选择或者是使本国获得正支付数量最大，或者是使本国获得负支付数量最小；按照“核”与 Shapley 值的要求，有可能形成各成员普遍愿意接受的分配方案。

第 5 章

国际环境公共品供给案例分析Ⅰ：全球温室气体减排

自工业革命以来，社会生产力与科学技术突飞猛进，物质生活和现代文明水平迅速提高，人类社会发展速度一日千里。但随着征服自然、改造自然的能力不断增强，人类对大自然的过度索取也给整个地球的承载能力带来了巨大的压力，造成了一系列全球性的问题，如全球气候变暖、大量物种快速灭绝、海洋严重污染、臭氧层出现空洞等等诸多问题。与此同时，也暴露了人类在国际环境治理中的行动不足与提供国际公害品过量。

在所有环境问题中，由温室气体所带来的全球气候变化是人类所面临的有史以来最为严峻的挑战，它直接关系到全人类的生存和发展，也对地球上其他所有生物带来影响。在工业化进程中，人类大量消耗煤炭、天然气、石油等化石燃料，导致大量二氧化碳（CO_2）和甲烷（CH_4）等温室气体被排放。据统计，从 1750 年以来相关指标急剧上升，超过了之前数千年的稳定浓度值①。在地球大气层中不断累积的温室气体引起了全球温度的快速升高，从而引

① 据测算，二氧化碳 CO_2 在大气中的浓度一直保持在 280ppm 左右，而从工业革命开始上升，到 2005 年达到 380ppm 左右，其中有超过七成的增加量是出现在 1970 年以后，并且这个增加速度还在加快。

发许多气象灾难，如洪水、飓风、干旱、高温等极端事件频发；南、北极冰川消融，海平面不断升高；自然界原有生态环境发生变化，降水、植被、食物链等条件的改变，极大影响物种的适应性，破坏了生态平衡；农业和农作物的生产受到了重大影响等。这些气象灾害不仅仅使人类承受着生态成本，同时还带来了大量的经济和社会成本，并严重威胁着人类在地球上的生存与发展。

5.1 全球温室气体减排的历史与现状

5.1.1 时期Ⅰ（1977～1996 年）：《联合国气候变化框架公约》的形成

大气层作为人类共同的全球性公共资源，具有明显的非排他性，所有国家的工业生产所带来的气体污染都会不受阻碍地进入大气层中，对各国带来影响。但是温室气体排放空间事实上又是具有一定承载上限的，超过承受能力后必然会给人类带来灾难，引起全球变暖及其他相关问题，因此在消费上是具有竞争性的。作为这样一种人类共有的公共资源，显然很容易遭遇“公共地悲剧”。不负责任地大量排放温室气体显然是典型的提供国际公害品的行为，因此对温室气体的国际治理合作就具有国际公共品的性质，并具有重要意义。

1979 年，世界气象组织（World Meteorological Organization，WMO）① 召开了第一次世界气候大会，气候变化成为重要议题；1988 年，WMO 与联合国环境规划署（United Nations Environment Programme，UNEP）共同建立了联合国政府间气候变化会议（In-

① 世界气象组织的前身是国际气象组织（International Meteorological Organization，IMO），IMO 最初是于 1878 年在欧洲成立的非政府组织，后于 1950 年改名为世界气象组织、在 1951 年巴黎世界气象组织大会上正式建立机构，并于同年 12 月成为联合国的一个专门机构。

tergovernmental Panel on Climate Change，IPCC）。1990 年 12 月，联合国常任理事会批准成立了政府间气候变化框架公约谈判委员会，并形成了《联合国气候变化框架公约》（United Nations Framework Convention on Climate Change，UNFCCC，简称《框架公约》）。该公约于 1994 年正式生效。

作为首个应对温室气体排放问题的国际公约，《框架公约》为世界各国开展全面控制温室气体排放、消除气候变化对可持续发展带来不利影响的国际合作提供了重要支持与保障，同时该公约也成为联合国与世界各国共同认可的、应对全球变暖问题的行动基础。公约明确了五个基本原则，以实现“共同而有区别的责任”：“发达国家应当首先采取行动，以应对全球气候变化；要充分考虑发展中国家的国情与需求；各缔约国应采取必要措施，预测、减少或防止引发气候变化的影响因素；尊重各缔约国主权和可持续发展权利；应对全球气候变化的各项措施不应当成为国际贸易壁垒”①。

5.1.2 时期Ⅱ（1997～2008 年）：《京都议定书》及京都时代

1997 年 12 月，《框架公约》第三次缔约大会在日本京都召开。会议签署通过了《京都议定书》（Kyoto Protocol）以作为《框架公约》的补充条款。该议定书是对《框架公约》的推动与落实，规定了相关参与国二氧化碳排放量，即一般所称的“第一承诺期排放标准”：到 2012 年为止，全球各主要工业国的二氧化碳排放量与 1990 年排放水平相比，平均下降 5.2 个百分点。截至 2005 年 8 月，全世界签署批准通过《京都议定书》的国家与地区达到 142 个，涉及全世界五分之四的人口。中国于 1998 年 5 月签署、并于 2002 年 8 月核准了京都议定书。

《京都议定书》中设立了四种不同的方式，以促使各参与国完成规定的减排任务：（1）各发达国家之间可以采取“碳排放权交

① 参见百度百科《联合国气候变化框架公约》条目。

易”的方式对排放指标进行买卖，即未达标的国家可以出资从指标未使用完毕的国家购买指标；（2）以签署国所排放的温室气体量减去其国内森林所吸收的数量以后的“净排放量”作为计算标准；（3）鼓励采取绿色开发机制，使得发展中国家与发达国家共同合作进行减排；（4）对于部分国家允许通过“集团”的方式进行减排，只要在总体上完成减排即可，至于内部各单独国家允许有增有减①。

虽然各缔约国在《京都议定书》第一承诺期中表现各异，但毕竟议定书的出现促使《框架公约》得到了一定程度的履行。其中，欧盟及其成员国在减排中表现得尤为积极，努力实现减排承诺，并致力于说服那些立场摇摆的国家履行义务；同时，2002 年欧盟率先建立了碳排量交易系统，以帮助完成减少温室气体排放量任务有困难的国家达标。

2007 年 12 月在印度尼西亚举行的《框架公约》缔约国第十三次会议制定了《巴厘路线图》（Bali Roadmap），提出“双轨”谈判制度，即一方面要求缔约国中的发达国家继续履行议定书中的义务，量化其在 2012 年的减排指标，并承诺与第一期相比要有较大增长；另一方面则要求未签署议定书的发达国家以及缔约国中的发展中国家根据框架公约进一步适应全球气候变化，采取相应措施。值得注意的是，在巴厘路线图中规定了发达国家要根据本国国情，承担减排任务，并且在各国之间具有量化性和可比性，这事实上就是针对美国单独制定的条款，以期对美国做出限制，使其承担相应的责任。最后，巴厘路线图规定了两年的谈判，即将 2012 年以后的具体指标安排留待 2009 年的世界气候大会上决定。

5.1.3 时期Ⅲ（2009 年至今）：哥本哈根大会及“后哥本哈根时代”

（1）2009～2014 年

2009 年 12 月，《框架公约》第十五次缔约国会议在哥本哈根

① 杨富强，昂莉．《京都议定书》的泥泞前途［J］．绿色中国，2011（15）：20－25.

召开。大会备受瞩目，被喻为“拯救人类的最后一次机会”，这是因为《京都议定书》第一承诺期将在2012年到期，因此，哥本哈根大会的核心目标就是签署新的行动协议，制定后续方案应对全球气候变化，以面对京都议定书第一承诺期的结束。具体而言，哥本哈根会议就四个主要议题进行了讨论：确定发达国家的温室气体减排额度目标；商讨以中印为代表的主要发展中国家如何减少温室气体排放；如何给予发展中国家资金与技术支持，帮助在气候变化中开展减排努力与适应气候变化；拟订新的公约，决定京都议定书的前途。但由于各国持有不同的利益和立场，在多轮谈判中展开了激烈的交锋，难以就各个议题达成一致，特别是发达国家与发展中国家之间的矛盾十分尖锐，部分参与国认为减排草案代表了发达国家的利益，对发展中国家不利。最后，这次会议并未取得由多数参与国认可的协议，结果令人失望。

哥本哈根会议充分显示了国际合作中不同国家、不同利益集团之间的博弈，特别是发展中国家与发达国家之间的利益争执成为谈判过程中的主要矛盾，表现出个体理性与集体理性之间的难以协调。整个会议争执的焦点主要集中在如何共同承担减排的责任上。会议并没有具体规定发达国家的中期（即到2020年为止）和长期（即到2050年为止）的减排任务；同时与发展中国家直接相关的内容，即资金援助和技术支持等方面也没有明确规定。在发达国家中，美国的态度仍然不甚积极，其做出的承诺和愿意承担的责任让许多国家都不满意；而其他国家，也仅有欧盟、日本主动申报了愿意提供的资金额度。

在哥本哈根大会以后，各国的气候外交与国际合作正式进入了被称为“后哥本哈根”的时代，从此各国开始倡导将国家发展模式转入“低碳经济”，即减少能源消耗、降低二氧化碳排放的可持续发展经济模式。同时，国际温室气体治理合作已不再单纯是气候治理，其中也折射出各国在新的时代下为争取世界经济主导权所进行的较量。

在之后的2010~2014年，又先后在坎昆、德班、多哈、华沙和利马等城市举行了世界气候大会。这几届大会的主要矛盾仍集中在发达国家与发展中国家对于如何承担“共同而有区别”的减排责任的分歧。虽然发展中国家在不断增加减排的努力，但与发达国家之间的标准还有差距；而发达国家一再推卸减排的责任，并主张发展中国家应该和发达国家具有平等的责任。从历史角度来看，发达国家早已完成了工业化进程，现有的二氧化碳积累量主要是发达国家造成的，因此普遍认为占有世界人口20%的发达国家要对大气层中80%的温室气体存量负责。发达国家要求仍处于工业化进程中的众多发展中国家承担与发达国家相同的责任，必定会限制发展中国家的经济增长和发展，这显然有失公平。而在发达国家集团中，美国和日本立场强硬，而欧盟成员国主动与发展中国家的合作态度则比较积极，特别是英国、德国等表现活跃。

这几次世界大会取得的主要成果有以下几点：①就《京都议定书》的第二承诺期问题达成了一致，规定第二承诺期为八年，即从2013开始到2020年结束。主要规定了发达国家的温室气体减排责任，而未对发展中国家规定强制性目标；但从第二承诺期结束以后，发展中国家里的二氧化碳排放大国也需要承担量化的责任。②在资金支持、技术转让、气候适应能力建设等发展中国家最为关心的方面开展了多轮谈判，并取得了初步成果，启动了绿色气候基金，并逐步开始建立和完善中期、长期气候基金。这一系列的成果传达出比较积极的合作信号。③发达国家同意就发展中国家适应气候变化、承担减排责任所遭受的损害与损失的补偿机制问题开启谈判，并达成了初步协议。

但是，各国在关于期限、目标、资金援助等具体内容上仍然存在一定的分歧。对于如何处理第一承诺期未用尽的温室气体排放指标，发达国家显然希望自动转入第二承诺期中，而发展中国家却予以坚决反对；在“绿色技术”等与气候治理相关的技术转让问题上，发达国家故意设置了不少障碍，以知识产权的保护等理由进行拖延；另外，大部分发达国家在实现减排承诺以及进行资金援助、损害补偿等方面，既没有明确具体数额也未给出时间安排，有敷衍之嫌。

（2）2015 ~2017 年

2015 年 12 月，《联合国气候变化框架公约》第二十一次缔约方大会在法国巴黎召开。本次大会具有至关重要的意义，在本次大会上通过了《巴黎气候变化协定》，该协定是继《京都议定书》后第二份有法律约束力的气候协议，为 2020 年后全球应对气候变化行动作出安排，这也是首次由发达国家与发展中国家共同承诺减少温室气体排放的全球性条约。《巴黎协定》指出，各方将加强对气候变化威胁的全球应对，把全球平均气温较工业化前水平升高控制在 2℃之内，并为把升温控制在 1.5℃之内而努力。全球将尽快实现温室气体排放达峰，21 世纪下半叶实现温室气体净零排放。根据协定，各方将以“自主贡献”的方式参与全球应对气候变化行动。发达国家将继续带头减排，并加强对发展中国家的资金、技术和能力建设支持，帮助后者减缓和适应气候变化。从 2023 年开始，每 5 年将对全球行动总体进展进行一次盘点，以帮助各国提高力度、加强国际合作，实现全球应对气候变化长期目标。该协定体现了国际合作中摒弃“零和博弈”的狭隘思维，也表明绿色低碳发展方向已成为大势所趋，显示出全球对气候治理的迫切期望。

中国全国人大常委会于 2016 年 9 月 3 日批准中国加入《巴黎协定》，中国成为第 23 个完成批准协定的缔约方。自 2014 年以来，中国逐渐成为全球气候治理领域的重要参与者、贡献者，并日益展现出凝聚中国智慧的影响力和领导力。此外，中国推进南南合作，在资金和技术上为发展中国家应对气候变化增添了新平台，提供了新资源。中国在积极推进国际气候谈判的同时，在国内认真落实减排义务。过去五年，中国将应对气候变化的挑战视为国内绿色可持续发展的重要机遇期和内在动力，在保持经济中高速增长的同时，实施产业升级、能源结构转型、节能提效、绿色金融创新等一系列措施，以中国方案证明了气候行动与社会发展的双赢模式。此外，自 2013 年正式启动碳交易试点以来，截至 2017 年 9 月，七个试点省市累计交易二氧化碳 1.97 亿吨，交易额 45 亿元人民币；全国性碳市场已进入审批程序，一旦启动，将成为全球最大碳交易机制①。

而与此相反，2017 年 6 月美国总统特朗普宣布美国退出《巴黎协定》，随即美国环境保护署在大规模地取消或者推迟多项涉及约束能源与环境的政策，大幅度放松监管，制约化石能源产业发展的“气候枷锁”基本得以消除。此外，特朗普在 2018 财年预算中大幅削减了负责应对气候变化方面的预算，美国国务院也因此停止资助联合国绿色气候基金等项目。

2017 年 11 月，《框架公约》第二十三次缔约国会议由斐济担任主席国、在德国波恩举行，主要落实《巴黎协定》规定的各项任务，为 2018 年围绕完成《巴黎协定》实施细则的谈判奠定基础。来自 195 个缔约方的 25000 名代表与会谈判。本次会议通过名为“斐济实施动力”的一系列积极成果，就《巴黎协定》实施涉及的各方面问题形成了平衡的谈判案文，进一步明确了 2018 年促进性对话的组织方式，特别是通过了加速关于 2020 年前实施的一系列安排。此次会议在激烈的谈判之后，最后在发展中国家坚定的坚持之下，将 2020 年之前的安排列入了未来谈判的议程、并作出了规定，但发展中国家最为关心的 1000 亿美元资金支持依然悬而未决。此外，此次大会也是美国总统特朗普宣布退出《巴黎协定》之后的第一次缔约方大会，中国在气候大会中的作用受到国际广泛关注，中国在履行“大国责任”方面采取了更多努力。

截至 2017 年波恩气候大会，叙利亚代表宣布将尽快签署加入《巴黎协定》并履行承诺，至此，美国成为世界上唯一一个拒绝《巴黎协定》的国家。

5.2　全球温室气体减排的多国博弈分析

在全球温室气体减排的国际合作中，由于涉及参与主体众多

---

① 杨璨.《波恩气候大会：家家有本难念的经》，文汇报，2017 年 12 月 4 日，http：//wenhui. news365. com. cn/html/2017 - 12/04/content_616756. html.

（全世界所有国家几乎都包括在内），各个国家的利益诉求差异很大，因此不但存在各参与国之间的博弈，还存在由部分参与国组成的联盟（利益集团）之间以及联盟内部的博弈。我们首先从最简单的情况开始分析，假设各参与国是同质的，即各国都是独立、理性的博弈主体，相互之间没有形成任何联盟，并且地位对等、没有差异，各国可以完全相互替代，这种情况适用于线性加总供给技术的多国博弈模型。每个国家都具有两个策略选择：行动——参与国际公共品供给，或不行动——不参与国际公共品供给，采取供给行动要承担单位成本 c，不提供则成本为 0。由于全球气候变化危害范围波及全球，可视为全球性的纯公共品，因此每一单位被提供出来的国际公共品都可以给任何一个国家带来 B 的收益，无论是行动者还是搭便车者。显然各国进行治理所承担的成本远大于获得的收益，即 $B<c$。

图 5－1 描述了全球气候治理中的多国博弈，很不幸的是，这个博弈形成了国际公共品供给中的囚徒困境。所有相关参与国的总数为 n，而 i 代表其中任意一个参与国。参与国都有行动（即参与供给）与不行动（即不参与供给）两种策略。如果参与国 i 与其他 n－1 个国家都不供给，那么净收益为 0；如果 i 独自供给国际公共品，则净收益为负（$=B-c<0$）。图 5－1 中上面的一行表示 i 不参与供给而采取搭便车行为所能获得的收益，即每有一个国家采取行动，参与国 i 就可从中获益 B，其净收益为 B（n－1）。图 5－1 中下面的一行表示参与国 i 不再是搭便车者，它同样也采取了行动参与气候治理。比较图 5－1 上下两行可知，对于任意参与国 i 而言，上面的净收益始终比下面多（$c-B>0$），因此参与国 i 的占优策略必然是不参加合作，放任本国温室气体的排放。由于 i 是任意选择的，所以每一个参与国的占优策略均为不合作，个体理性最终导致了集体的不理性，结果陷入囚徒困境，没有任何一个国家愿意供给国际公共品。

除 i 以外参与供给国际公共品的国家数量

	0	1	…	j-1	j	j+1	…	n-1
i 不行动	0	B		B(j-1)	B×j	B(j+1)		B(n-1)
i 行动	B-c	0		Bj-c	B(j+1)-c	B(j+2)-c		nB-c

图 5-1 全球气候治理中的多国囚徒困境博弈

出现囚徒困境的关键就在于成本大于收益，即只要参与国 i 的成本（或边际成本）c_i 大于收益（或边际收益）B_i，那么就会出现这种困境。如果能出现如第 3 章中所设想博弈 3（即图 3-5）的情况，某国单独减少温室气体排放，从中获得的直接收益就已经大于其支付的成本，则结果会相当乐观，这些国家将有足够的激励自发供给国际公共品，但遗憾的是现实并非如此。另外，由于温室气体存量与气温上升之间的具体关系是不明确的，气候变化带来的损失、为减排付出的努力以及伴随而来的发展速度降低的牺牲这三者间还存在着复杂的权衡关系，这就使温室气体减排行动的成本显得更大。而各国对气候变化问题的重视程度不同、气候敏感性不一，导致世界各国采取行动的积极性有所差别，尤其是短视的政府与政治家更缺乏相关激励。

然而值得注意的是，如果人类可以准确地预见到全球性变暖问题将在不远的将来就会引发大规模毁灭性灾难，如类似于电影《2012》中所描绘的世界末日的情形①——其中部分场景恰好符合科学家们预测的全球变暖可能带来的灾难性后果②，那么各国的国际气候治理合作就有可能由原来的囚徒困境博弈转变成斗鸡博弈。此时，由于存在毁灭性灾难突发的可能，不是所有国家都会选择袖手旁边，有一部分“怯懦者”会站出来，选择合作，自发大幅度减少温室气体的排放，并采取其他的措施予以应对。

---

① 电影《2012》是一部关于灾难题材的电影，它描述了当全球毁灭的世界末日来临时，主人公以及全世界各国人民挣扎求生的故事。

② 如气温升高所带来的热能，会提供给空气和海洋巨大的动能，从而形成大型甚至超大型台风、飓风、海啸等灾难；冰河时代的突然降临；气温升高，冰川消融，海平面升高，海拔较低的国家被淹没等。

当然，以上两种可能性都属于比较极端的假设，针对成本与收益的分析，在现实中可取的办法是以分担或补偿行动国所承担的成本的方式进行合作。假设现在执行的不是“共同而有区别的责任”原则，而转变为“共同的责任”原则，即通过国际组织、国际协议或其他任何协调方式，强制性地对国际气候治理中的所有成本进行平均分担，无论哪个国家做出的治理努力，其成本都由所有国家平均承担。当成本为c、参与国数量为n时，各国将承担每供给一单位国际公共品所带来的平均成本c/n。因此，如图5-2所示，当所有参与国均不采取行动时，各国的净收益仍然为0；当参与国i不进行减排、而其他j个国家采取行动时，参与国i并不是单纯的搭便车，而需要为j个参与国的行动分担成本，此时它的净收益为(B-c/n)j；当参与国i也积极加入供给行动中以后，由于其本国的成本也被其他各国平均分担了，因此净收益为(B-c/n)(j+1)。很明显地可以看到图5-2中的收益之差发生了变化，在其他参与行动的国家数目j不变的情况下，参与国i采取行动与不行动之间的净收益差为(B-c/n)，如果这个差值小于零，则仍然会使整个博弈陷入囚徒困境之中；但如果它大于等于零，即n≥c/B，“行动”将成为该博弈的占优策略，意味着参与国i不再选择搭便车，而是积极采取行动，应对全球变暖。因此，当n的数量足够大，即进行成本分担的国家足够多的情况下，合作就成为占优策略。成本分担使得每个国家都部分成为彼此进行贡献的决策者，这样做也可以大幅度预防搭便车的动机出现。图5-2中的纳什均衡就是所有参与国均进行气候治理，因此每个参与国的净收益都为nB-c，在这种情况下也同时达到了帕累托最优。

除i国以外参与供给国际公共品的国家数量

	0	1	…	j	…	n-1
i不行动	0	$B-\frac{c}{n}$		$\left(B-\frac{c}{n}\right)j$		$\left(B-\frac{c}{n}\right)(n-1)$
i行动	$\left(B-\frac{c}{n}\right)$	$\left(2B-\frac{2c}{n}\right)$		$\left(B-\frac{c}{n}\right)(j+1)$		nB-c

图5-2　全球气候治理多国博弈中的成本分担

接下来，我们对全球气候治理中的多国博弈的进一步扩展，在成本分担机制的基础上，再进一步引入最低门槛技术（minimal-threshold games）[①]。最低门槛技术近年来已经在部分国际公共品的国际合作供给中得到了应用，体现出了它的价值。在这种技术条件下，假定少于 j+1 单位的国际公共品供给都是无效的，直到供给数量大于等于 j+1 单位的供给行为才能给各国带来收益，此时 j+1 成为一个“最低门槛”。在全球气候的治理中任何单个、甚至多个国家联合起来的努力也未必能够有效改善大气状况，只有当足够多的国家付出了足够的行动，才能使地球的未来真正得到改观。当然，不同国家影响力相差甚远，目前在温室气体——主要是二氧化碳的排放量方面，中国、美国、印度等排名前十位的国家其排放总量占世界总量的 65% 左右[②]（见表 5－1），相比之下，世界其他 200 个左右国家和地区[③]的总排放量仅占全世界总量的 35%。因此在气候治理的合作中，不但需要各国的通力协作，更需要那些排放大国的积极行动，没有它们的贡献，全球气候治理的努力就达不到“最低门槛”值。

表 5－1　　世界前 19 个 CO_2 排放国（2010）

国家	CO_2 排放量（千吨）	面积（平方千米）	人口数（人）	排放量/平方千米（吨）	排放量/人（吨）
世界	33508901	148940000	6852472823	2250	49
中国	8240958	9640821	1339724852	8548	62
美国	5492170	9826675	312793000	5589	176

① 关于最低门槛博弈的具体分析，可参见 Palfrey T R，Rosenthal H. Participation and the provision of discrete public goods：a strategic analysis［J］. Journal of Public Economics，1984，24（2），以及 Sandler T. Collective action：theory and applications［M］. London：Cambridge University Press，1992.

② 根据 CDIAC（2010）年数据。

③ 目前，全世界国家总数并没有统一的认可数据，出于政治、外交等考虑，不同国家承认的主权国家数不一样。其中联合国会员国共有 193 个，以及 2 个观察国（梵蒂冈和巴勒斯坦）。

续表

国家	CO_2 排放量（千吨）	面积（平方千米）	人口数（人）	排放量/平方千米（吨）	排放量/人（吨）
印度	2069738	3287263	1210193422	6296	17
俄罗斯	1688688	17075400	142946800	989	118
日本	1138432	377944	128056026	30122	89
德国	762543	357021	81799600	21358	93
伊朗	574667	1648195	75330000	3487	76
韩国	563126	100210	48875000	56195	115
加拿大	518475	9984670	34685000	519	149
沙特	493726	2149690	27136977	2297	182
英国	493158	243610	62262000	20244	79
印度尼西亚	476557	1919440	237424363	2483	20
墨西哥	466131	1972550	112322757	2363	41
南非	451839	1221037	50586757	3700	89
巴西	419537	8514877	190732694	493	22
意大利	407924	301338	60681514	13537	67
澳大利亚	365513	7617930	22794166	480	160
法国	362556	674843	65821885	5372	55
波兰	309985	312685	38186860	9914	81

注：CDIAC 为美国能源部二氧化碳信息分析中心，其收集的数据也为联合国提供相关参考，本表格数据来源于其 2011 年公布的数据。

资料来源：CDIAC：Record High 2010 Global Carbon Dioxide Emissions from Fossil-Fuel Combustion and Cement Manufacture.

假设引入最低门槛技术以后，参与气候治理合作的各国每供给 1 单位的国际公共品成本为 c，但是当总供给水平低于 j+1 单位、即未达到最低门槛时所有参与国的收益均为零，当总水平大于等于 j+1 单位时每单位国际公共品所带来的收益依旧为 B。如图 5-3 所示，当参与国 i 采取治理行动时，只需要再有 j 个国家也参与行动即可，此时参与国 i 的净收益为 B(j+1)-c；如果参与国 i 不行动，那就需要除参与国 i 以外的 j+1 个国家进行合作，而参与国 i 可以搭便车获得净收益为 B(j+1)。此时博弈的均衡不止一个，包括两种情况：或者参与国 i 不进行减排治理，此时的净收益为零（这样的单元格不止一个），或者参与国 i 正好与 j 个国家合作达到最低门槛所要求的总贡献值，此时其净收益为 B(j+1)－c。后者的情形表示了诸多策略选择可能性中，恰好有 j+1 个国家参与合作行动的情况。值得注意的是，这也是所有均衡中唯一净收益为正的情况。这是因为当超过 j+1 单位的贡献量以后，每新增加的一单位贡献，其边际收益是小于边际成本的。

除 i 国以外参与供给国际公共品的国家数量

	0	1	…	j－1	j	j+1	…	n－1
i 不行动	0	0		0	0	B(j+1)		B(n－1)
i 行动	－c	－c		－c	B(j+1)－c	B(j+2)－c		nB－c

图 5－3　全球气候治理中的最低门槛技术博弈

因此，引入最低门槛技术以后，囚徒困境显然是被打破了，此时合作成为一种可能，并且在所有均衡中只有合作才能带来正的净收益，图 5－3 比图 5－1 所描绘的全球气候治理的前景显然乐观了许多。

下面两种机制是对最低门槛技术的进一步补充，以促使合作出现。图 5－4 是全球气候治理中具有补偿机制的最低门槛技术博弈，与图 5－3 相比，其最大的不同就在于即使参与国际气候合作治理的国家数量没有达到最低门槛要求，但补偿机制将完全弥补因付出努力而需要承担成本所带来的净损失，此时下面一行在达到 j 之前的所有数值不再是－c，而是 0。这样一来，在除参与国 i 以外的参与供给国际公共品的国家数量达到（j+1）之前，下面一行是上面一行的弱占优策略。因此该博弈的纳什均衡将出现在恰好有 j+1 个参与国进行气候治理的情形。当然，在达到最低门槛之前也是博弈的均衡，但这样的均衡显然不如具有正的净收益 B(j+1)－c 的均衡具有实际意义。我们也应该看到，这样的情况能够在一定程度上激励某些国家参与到国际治理中来，因此补偿机制是具有实际意义的。但是，补偿的资金来源是一个更为复杂的现实问题，也是阻碍国际公共品有效供给的重要难题。

除i国以外参与供给国际公共品的国家数量

	0	1	…	j-1	j	j+1	…	n-1
i不行动	0	0		0	0	B(j+1)		B(n-1)
i行动	0	0		0	B(j+1)-c	B(j+2)-c		Bn-c

图5-4　全球气候治理中的最低门槛技术博弈（有补偿机制，无成本分担）

目前在温室气体减排的国际合作制度中，与补偿机制关系最为密切的，就是在哥本哈根和德班两届世界气候大会中所制定的政策，特别是“德班一揽子计划”。在这些政策中规定，为保证京都议定书第二承诺期顺利进行，从2010到2012年为止，发达国家首先为发展中国家共提供300亿美元快速启动资金作为“预热”手段，而正式进入第二承诺期即2013~2020年之间，发达国家须承诺每年提供1000亿美元的资金，以这些资金组建绿色气候基金(Green Climate Fund，GCF)，从而援助发展中国家适应气候变化、进行温室气体减排、并补偿发展中国家在气候变化中所承受的损失。绿色气候基金通过各种金融工具与融资方式来对发展中国家进行资金援助，具有较大规模和多方资金来源，主要致力于帮助发展中国家制定和实施气候变化方面的政策，对发展中国家因参与治理、减少排放所付出的努力而承担的成本进行补偿，为其提供资金和资源，实现资金在气候变化速度减缓行动与气候适应之间的均衡分配。但部分发达国家在资金支持方面表现出回避历史责任与出资义务的态度，不愿就已经确定的资金目标进行落实环节的具体讨论，强调资金援助国具有自主决定出资方式、筹资来源等方面的权利，或要求包括发展中国家在内的各国共同出资，强调发展中国家的“未来出资能力”，以期分散本国在气候框架公约下的责任和义务。绿色气候基金的建立和启动运营是一个良好的开端，为未来气候融资、资金补偿机制开创了新的尝试，但是否能发挥作用还有待考察。

图 5 - 5 则描述了全球气候治理中同时存在补偿机制与成本分担机制的最低门槛技术的博弈。在达到最低门槛的要求之前，所有参与治理行动的国家的成本都得到了补偿，当超过了最低门槛以后，所有参与国都要对每单位国际公共品的供给进行成本分担，因此每单位国际公共品对参与国 i 所带来的收益为 B - c/n，总供给水平仍然由参与国的行为决定。经过计算可知，参与国 i 采取行动进行气候治理这一策略弱占优于不合作，在达到最低门槛之前二者的支付没有差异，当超过最低门槛以后，前者与后者的差值为 B - c/n。此时博弈的唯一纳什均衡解是所有参与国均采取行动，同时该均衡也是满足帕累托最优的。这个结果是令人满意的，个体的理性最后也令人欣慰地实现了集体的理性，均处于最优的状态。之所以这套设计能起作用，是因为成本分担机制更好地实现了国家个体的收益与成本的匹配，调整了各个参与国的行为，从而使不合作向合作变成可能。但是在这个过程中，首先要求我们能够形成一个具有权威性和强制力的“超级权威”，然后由这个（些）组织来筹集资金，“购买”国际公共品，补偿参与供给行动的国家未到达最低门槛所承受的损失等。在现实中我们可以看到，《联合国气候变化框架公约》（UNFCCC）以及其缔约国大会，是目前唯一全球范围的、也是受到广泛承认的治理手段。

除 i 国以外参与供给国际公共品的国家数量

	0	1	…	j - 1	j	j + 1	…	n - 1
i 不行动	0	0		0	0	$(j+1)\left(B-\frac{c}{n}\right)$		$\left(B-\frac{c}{n}\right)(n-1)$
i 行动	0	0		0	$(j+1)\left(B-\frac{c}{n}\right)$	$(j+2)\left(B-\frac{c}{n}\right)$		$nB-c$

图 5 - 5　全球气候治理中的最低门槛技术博弈（有补偿机制与成本分担）

5.3 《联合国气候变化框架公约》中的博弈分析

5.3.1 国家利益集团的划分

《联合国气候变化框架公约》是世界各国首次为应对全球气候变化、全面控制二氧化碳等温室气体排放问题所签署的全球性公约，具有最强的权威性和认可程度，因而成为目前开展温室气体减排国际合作的最重要也是主要的手段和平台。但正是由于《框架公约》涉及的参与国众多，各国间的利益关系已经难以协调，而部分国家更是结成了利益集团以期在框架公约和世界气候大会中具有更大的发言权，这些集团具有更强的力量和更明确的利益诉求，使得博弈关系更为复杂。达成共识已然不易，执行协议、落到实处更是艰难，如何权衡各国的意见和诉求，如何均衡各利益集团的力量，从而消除国际气候治理合作中的分歧，成为破解博弈困境的重中之重。

根据“共同而有区别”的原则，框架公约根据各国的发展情况与综合经济实力，将所有缔约国分成了四大类，分别规定各自的义务和责任。第一类为发达国家，多数是经合组织（OECD）的成员①。公约对第一类国家规定了明确的减排义务，而京都议定书的正式生效首次赋予了合作公约对温室气体排放进行全面控制的法律效力。第二类为经济转型中的国家，主要包括苏联成员国、东欧和中欧国家等。尽管这些经济转型国家在气候大会谈判过程中被规定均具有相应的减排义务，但对它们在履行协议的能力和资金方面都具有特殊的照顾措施，使得这些国家具有大量的配额剩余，可以保存或出售。第三类为发展中国家，数量最为庞大。框架公约和议定书对发展中国家均未规定强制指标，但鼓励自觉减排，并设立了

① 经合组织（OECD）的34个成员国中，有24个在框架公约中被划分为发达国家。

“清洁发展”等机制以促使发展中国家与发达国家进行合作①。第四类为最不发达国家②，框架公约对于这些国家采取了最为优惠的措施进行支持③。

简而言之，世界各国总体上可分为两大类：发达国家与发展中国家，这两大阵营之间的矛盾是当今世界的许多重大问题的症结所在，全球气候大会的博弈也主要产生于它们之间；当然发达国家内部之间、发展中国家内部之间也存在博弈，在利益协调上仍然有许多纠纷。而出于对本国国情、历史传统、地理位置以及利益关系等诸多因素的考虑，一些国家又自愿结成了利益集团，形成了或松散或紧密的国家联盟，旨在增加话语权，以在全球气候变化问题中获得更大的收益、承担更小的成本。具体来说，在国际政治中常见的利益集团如下（有些国家同时属于多个集团）：

（1）欧盟（EU）。与其他集团相比，欧盟表现得更为团结。欧盟成员国立场基本一致，同时欧盟也是近年来在气候治理问题上最为积极的主导者，与其他发达国家的不作为表现大相径庭。在京都议定书之前，欧盟成员国就达成一致，愿意减少温室气体排放量的8%；后又于2007年宣布，其成员到2020年为止温室气体排放量要减少20%、可再生能源要占到全部一次能源的20%，且该气候目标具有法律约束性④。欧盟还倡导其他发达国家也积极采取行动

---

① 清洁发展机制（Clean Development Mechanism，CDM），是《京都议定书》中引入的灵活履约机制之一。核心内容是允许附件1缔约方（即发达国家）与非附件1（即发展中国家）进行项目级的减排量抵消额的转让与获得，在发展中国家实施温室气体减排项目。

② 根据2000年最新的标准规定，全世界经联合国所批准的最不发达国家数为49个。规定具体包括：（1）最低收入标准：近三年人均GDP小于900美元；（2）人文资源匮乏标准，包括营养、健康、教育等；（3）经济脆弱性标准，包括农业生产的不稳定性、货物和服务出口的不稳定性、制造业和现代服务业所占比重、经济规模等；（4）人口小于7500万。

③ 如规定各缔约方在采取有关提供资金和技术转让的行动时，应充分考虑到最不发达国家的具体需要和特殊情况；来自最不发达国家的清洁发展机制下的项目免收注册费等。华沙气候大会之前，最不发达国家还向公约秘书处提交了“国家适应行动计划”。通过该计划可以更好地评估气候变化的直接影响以及它们需要什么方式的支持以更加适应气候变化的影响。

④ EU makes bold climate and renewable commitment.，来源网站 http：//www. euractiv. com.

进行减排，并呼吁发展中国家承担相应责任。同时欧盟委员会也提供了部分资金以支持发展中国家启动技术转让。

（2）伞形国家集团。该集团包括了欧盟以外的其他发达国家，如美国、加拿大、日本、澳大利亚等国，它们在全球温室气体减排问题上形成了较为松散的联盟。伞形国家集团主张建立强有力的全球温室气体减排机制，同时建立弹性机制，通过碳排放权交易等方式来降低本国的减排压力。

（3）欧佩克国家（Organization of Petroleum Exporting Countries, OPEC），即石油输出国组成的联盟。这些国家主导产业就是能源输出，但因为担心对温室气体排放的限制很可能会导致石油产量降低，从而影响本国经济的发展。因此，这些国家在气候大会的谈判中表现最不积极，往往不发表或提出反对意见。

（4）七十七国集团（Group of 77）。该集团全部由发展中国家构成，是联合国中规模最大的国家间组织，对于协调发展中国家内部的利益关系起着重要作用。该集团提倡“共同而有区别”的责任原则，坚持已经历过工业化进程的发达国家必须对历史负责，具有主要的温室气体减排责任；而发展中国家主要以自愿参与的方式减少温室气体排放，并且发达国家要切实为发展中国家提供资金和技术等方面的支持。

（5）“金砖国家”。该集团由中国、印度、巴西等较大的发展中国家组成，并不是一个固定的联盟。其最初目的是为了协调发展中国家在哥本哈根全球气候大会上的立场，以应对发达国家不合理的责任推卸。它们提出气候大会应延续框架公约、京都议定书以及巴厘路线图的现有成果进行谈判，认为发达国家没有表现出应有的诚意，承诺的资助金额也远不能满足发展中国家的合理需求。

（6）小岛屿国家联盟（Alliance of Small Island States, AOSIS）①。该集团成员全部为海岛或低地沿海国，总面积非常小、人

① 随着小岛屿国家联盟（AOSIS）于1991年成立，小岛屿国家获得了国际政治地位。该联盟目前有43个成员国和观察国（包括4个低地沿海国：几内亚比绍、伯利兹、圭亚那和苏里南）和作为观察员的4个属地，还有两个小岛屿。

口稀少，但领海面积却达到地球表面积的20%，具有不容忽视的地位。这些国家基本全部为发展中国家，同时大部分也属于七十七国集团。该集团成员除持有一般发展中国家的立场以外，由于海平面上升直接威胁到它们的生存，因此它们在全球温室气体减排中的立场最为坚定，呼吁维护最脆弱国家人民的生存权利，防止成员国因为海水上涨而消亡，要求全球气候合作能取得重大突破，并希望能将减排目标确定为降低1990年水平的85%之多。

（7）“雨林国家联盟”（Coalition for Rainforest Nations，CFRN）。该集团成员包括非洲与南美洲热带雨林国家，它们呼吁在全球气候大会上进行保护热带森林以及防止因森林退化引起的碳排放问题的讨论，以减少雨林破坏的方式进行温室气体减排的努力，并使减少砍伐的国家获得碳权，然后进行交易，将获得的资金支持参与气候治理。

5.3.2 《联合国气候变化框架公约》的国家利益集团博弈

从对国家集团的分析我们可以看到，在《框架公约》以及全球气候大会中，存在着各种不同类型的国家利益集团。各种不同国家利益集团的形成，归根到底是出于对收益与成本进行权衡的结果。利益集团的出现，部分程度上改善了5.2节中所出现的全球气候治理中的多国博弈困境，因为集团具有强大的凝聚力与权威性，可以对内部成员的利益关系进行协调，而各成员国的妥协、让渡部分国家权力就可能有助于避免“个体理性”所导致的集团最差选择。但值得注意的是，国家利益集团之间的博弈反而会更加艰难，因为这些集团不但强而有力，更代表着成员国的共同而根本的利益，在核心问题上难以让步。在各种利益集团的博弈中，最为引人注目、成为温室气体减排国际合作中的最主要矛盾的，就是发达国家集团与发展中国家集团之间的博弈，二者持有的立场迥然不同，具有最多的利益争执。如果气候大会谈判成功，双方在之前的成果基础上进行修正，达成进一步的共识，则都能够从中获益；如谈判破裂，双方均将一无所获——如在1997年《京都议定书》的签署中，以美国为首的部分国家退出，对于温室气体减排的合作进程带来了巨大的负面影响，给整个气候治理的前景蒙上了阴影，其恶劣影响至今也未完全消除。

根据第4章，“各得一半”是许多人共同认可的准则。但这个准则是在双方“地位相当、条件相等”的情况下最常见的简单平均主义，即每个国家利益集团进行合作时，与单独行动相比，所增加的收益应相等，即 $C_1-N_1=C_2-N_2$，其中 C_i 表示合作后的收益，而 N_i 表示原来单独行动时的收益。平均主义之所以被广泛认可，是因为参与谈判的各方互相之间对所得利益要做比较，平均主义关注的是个体效用，同时在不同的参与者之间没有任何交叉补偿。假设在不合作的情况下一无所获——这也是符合全球气候治理现实的，只有发达国家集团的努力或只有发展中国家集团的努力，显然都是无法取得实质性成效的，即 $N_i=0$。那么满足这种情况的博弈均衡解为 $C_1=C_2=1/2$，也就是说发展中国家与发达国家要对利益进行均分①。

但在现实中，追求绝对平均主义显然是得不到发达国家与发展中国家共同认可的。发达国家数量较少②，温室气体排放总量不如发展中国家，但人均排放量较大，并且在工业革命以来，发达国家的历史责任更大；发展中国家起步较晚，工业化尚未完成，因此在以后的发展过程中难免因此增加二氧化碳等温室气体的排放。发达国家具有更大的能力对全球变暖问题进行治理，并具有更多的历史责任；发展中国家则承担了更沉重的现实责任，经济发展水平却限制了它们的能力，需要发达国家的经济与技术支持。根据表5-1中的

① 需要满足条件 $C_1+C_2=1$，并且纳什积 C_1C_2 最大。

② 联合国开发计划署（UNDP）发布的《Human Development Report 2010》中对世界发达国家和发展中国家的名单进行了修正，其中发达国家共44个，包括经合组织中的发达经济体（28个国家）：澳大利亚、奥地利、比利时、加拿大、捷克、丹麦、芬兰、法国、德国、希腊、匈牙利、冰岛、爱尔兰、意大利、日本、韩国、卢森堡、荷兰、新西兰、挪威、波兰、葡萄牙、斯洛伐克、西班牙、瑞典、瑞士、美国、英国；非经合组织中的发达经济体（16个国家或地区）：安道尔、巴林、新加坡、巴巴多斯、文莱、塞浦路斯、爱沙尼亚、以色列、列支敦士登、马耳他、摩纳哥、卡塔尔、圣马力诺、斯洛文尼亚、阿联酋、中国香港地区。依据这份名单，本书在数据处理时将包括俄罗斯在内的其他国家全部计算为发展中国家。

CDIAC 公布的世界前 19 个 CO_2 排放国（2010 年）的数据进行计算，其中排名前十的发达国家排放总量占当年世界排放总量的 31.1%，而排放量居于前九位的发展中国家则占世界总量的 44.4%。

如图 5－6 所示，我们对发达国家与发展中国家集团的博弈关系进行分析。假设在国际气候治理中有两个博弈主体：所有发达国家组成的联盟简称发达国家，所有发展中国家组成的联盟简称发展中国家。其中每个参与博弈的主体都有三种策略选择，且具有相同含义，即：（1）供给（A），代表着进行气候治理，无论对发达国家还是发展中国家而言都是进行减少温室气体排放，区别只在于承担减排指标的多少；（2）不作为（I），代表参与国保持原有的排放量不变；（3）掠夺（M），该策略命名来源于“公共地悲剧”中的掠夺公共资源行为，意味着对公共资源的滥用即对全球气体排放空间这一国际公共资源的过度使用，对于发展中国家而言掠夺表示其接受发达国家的项目和资金支持以后进行背弃承诺、增加本国的排放量，而对于发达国家而言则表示单方面退出合作协议，增加本国的排放。我们可以发现图 5－6 中的矩阵实际上就是国际公共品的供给与“公共地悲剧”这两种博弈行为的混合形式。其中 B 表示公共收益，c 表示供给国际公共品的成本；而 C 表示掠夺公共资源即过度排放温室气体带来的公共成本，而 b 表示“掠夺”行为给本国单独带来的收益。令 $2B > c > B$，且 $2C > b > C$，这表示单独进行气候治理的收益小于成本，而独自增加排放量的收益却大于成本。

		发展中国家		
		A	I	M
发达国家	A	2B－c，2B－c	B－c，B	B－c－C，B＋b－C
	I	B，B－c	0，0	－C，b－C
	M	B＋b－C，B－c－C	b－C，－C	b－2C，b－2C

图 5－6　发达国家与发展中国家的博弈一

从图 5－6 的矩阵中，通过计算我们可以找到该博弈的纳什均衡解是不合作，即发达国家与发展中国家均选择（掠夺，掠夺），对应着净收益（b-2C，b-2C）。显然我们发现 $b-2C<0$ 而 $2B-c>0$，说明策略组合（供给，供给）所代表的净收益，不仅对于总体而言是更优的结果，而且对于两个博弈参与者来说也意味着高得多的个体收益；即使是（不作为，不作为）这一个不采取行动的策略组合也要好于该博弈的纳什均衡。但是两个参与国集团仍然有激励来采取掠夺行为造成对总体和个体均为最差的结果，这是因为对于每一个“理性”的参与国集团而言，当其他国家选择供给行为时，其选择掠夺策略会带来丰厚的收益；相反，如果策略的选择方颠倒过来，则该集团将承受最为严重的损失。在实际情况中，就是所有国家集团的想法都是让其他国家去贡献，而本国却加快经济发展速度和提高工业化进程——由于经济的发展往往和二氧化碳等温室气体的排放量增加是正相关的，所以在这个过程中相当于增加温室气体排放。当然，受地理位置、地势高低、原有气候特征以及国民经济各部门的发展情况影响，不同国家对于气候变化的敏感性是不同的。气候变得更加温暖，可能使某些干旱国家变得湿润，从而受益；海平面的升高，也会危及沿海的国家与城市，曾经因为临海带来的交通便利，在此时可能成为毁灭性打击。因此不同的气候敏感性会极为明显的改变图5-6中的支付矩阵具体数值关系。

值得注意的是，前面分析的是发达国家与发展中国家同时进行策略选择、同步行动的完全信息博弈，但温室气体减排的努力并非靠一朝一夕之功可以见效，其他参与国是将承诺落实了，还是仅仅开出了空头支票，需要时间的检验，即两个国家集团实际上并不是同步行动的。因此，其他参与国是选择“合作”进行治理，还是选择“不合作”，或者保持原有排放量不变，或者变本加厉，这些行为的被察觉有一定的滞后性，在此就产生了不完美信息的博弈。

图5-7表示的发达国家与发展中国家的不完美信息博弈[①]。R

① 不完美信息博弈指的是如果没有参与者能够获得其他参与者的行动信息，也就是说当参与者做选择的时候不知道其他参与者的选择，即如果把其他参与者的行动理解为一个参与者做决策时所面对的环境，信息不完美就是决策者不知道自己所处的决策环境。

表示双方合作、T 表示单独背叛、S 表示被单独背叛时、P 表示共同背叛，并且 T > R > P > S。此时 Ñ 代表“自然”先行动，而发达国家和发展中国家不确定自己还是对手先行动，具有一半的可能性先行动，C 表示合作而 N 表示不合作，h_1、h_2 是分别表示两个集团的信息集合，由于具有对称性，因此博弈主体 1、2 分别代表哪个国家集团对于我们的分析并没有差别。当集团 1 先行动时，它面临着两种策略选择，如果选择 N，那么理性的集团 2 同样会选择 N，因此博弈结果就已经决定了，双方的支付为（P，P）；而如果集团 1 选择了 C，那么根据集团 2 的选择结果会有所差别，可能是对于集团最优的策略组合（C，C）从而得到支付（R，R），也可能是对集团 2 最有利而对集团 1 最不利的策略组合（C，N）从而得到支付（S，T）。当集团 2 先行动时，分析方式类似。但此时对于两个参与国集团而言，直接选择不合作的策略就不一定是占优策略了。在博弈对手选择 C 时，某集团选择 C 的预期收益是 R，选择 N 的预期收益则是 0.5T + 0.5P；由对称性，博弈对手的预期收益也是这样。因此，如果合作策略组合（C，C）能够成为该博弈的纳什均衡，就必须满足 R≥0.5T + 0.5P，即 R - P≥T - R。

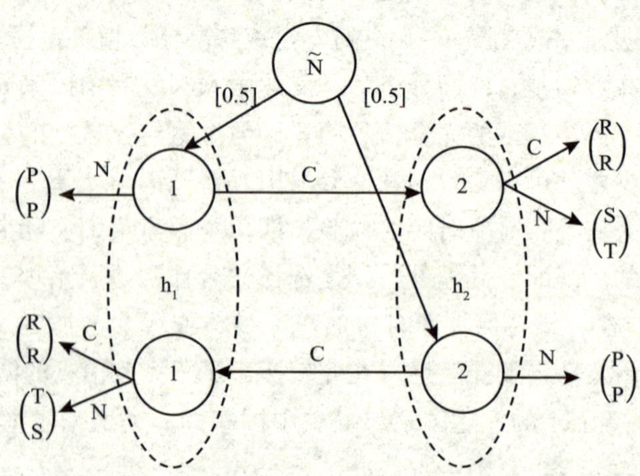

图 5 - 7　发达国家与发展中国家的博弈二

通过上述分析，我们找到了破解国际温室气体减排中博弈困境的又一种办法，即让共同合作时的收益大于单独背叛和共同背叛两种情况下的平均收益。当然，具体的数值关系是会随着行动先后的可能性，以及采取治理行动所带来的公共的成本与收益、私人的成本与收益这四者之间的大小关系发生变化。当满足特定条件时，即使是囚徒困境也可以转化为合作均衡。

另外，除了最明显的发展中国家与发达国家之间的博弈矛盾，在各集团内部也存在一定的利益分歧，我们可以用类似于图 5－6 的混合博弈形式来考察集团内部的矛盾。任意选取发展中国家集团内部的两个国家，称为参与国 1 与参与国 2，图 5－8 描述了发展中国家之间的博弈。假设对于这些参与国而言，现在有三种策略可供选择，即：（1）掠夺（M），各国积极增加本国的温室气体排放量、掠夺国际公共资源；（2）不作为（I），代表参与国保持原有的排放量不变；（3）利己（S），表示发展中国家以各种手段从发达国家或国际组织取得对发展中国家气候治理的资金支持，比如通过私下交易、承诺在联合国会议或某些组织会议中给特定国家投票的“寻租”手段等，并且这些国家存在道德风险，取得了支持项目以后并没有兑现本国最优的努力水平。此时 B、b、C 与 c 的含义不变，但大小关系变为 2C > b > C 和 c > B > 0。

		2		
		M	I	S
	M	b－2C，b－2C	b－C，－C	b－C－c，B－C
1	I	－C，b－C	0，0	－c，B
	S	B－C，b－C－c	B，－c	B－c，B－c

图 5－8 发展中国家之间的博弈一

从图 5－8 中可以看到，如果两国均不行动，则收益为 0；如参与国 1 选择策略 S，而参与国 2 的策略为 M，则参与国 1 在获得私人收益的同时也会承受因为参与国 2 的掠夺策略所带来的公共成本，净收益为 $B-C$，而参与国 2 在滥用公共资源获得额外收益的同时，也承受了参与国 1 的行为所带来的损失，净收益为 $b-C-c$；而两国同时采取掠夺或利己策略，双方净收益同为 $b-2C$ 或 $B-c$。然而，仅根据现有条件无法求出该博弈的纳什均衡。不过由于 $C<b$ 且 $0<B$，可以计算出策略不作为（I）是两个发展中国家共同的严格劣势策略，因此该策略可以被剔除，那么图 5-8 就可以转化为图 5-9 的形式。

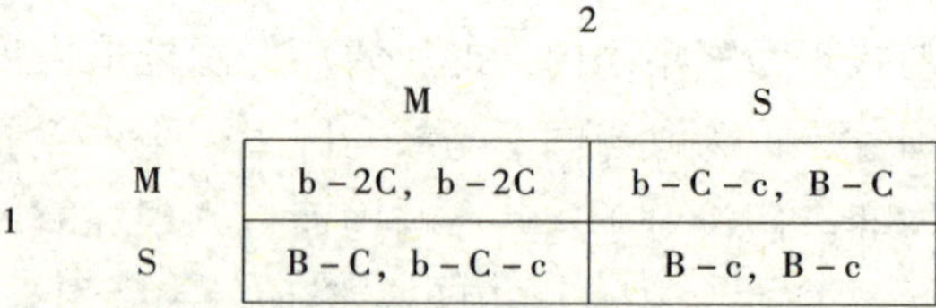

		2: M	2: S
1	M	$b-2C$，$b-2C$	$b-C-c$，$B-C$
	S	$B-C$，$b-C-c$	$B-c$，$B-c$

图 5-9　发展中国家之间的博弈二

在图 5-9 中，由于“劣势策略”被去掉，此时两个参与国的策略选择只剩下 M 和 S 两种。如果此时满足 $b-2C>B-C$ 且 $b-C-c>B-c$，即 $b-C>B$，那么掠夺策略（S）就是该博弈的占优策略，纳什均衡就是两个参与国共同“掠夺”，此时两国的净收益均为 $b-2C$。反过来，如果 $b-C<B$，那么利己策略（S）就是该博弈的占优策略，纳什均衡就是两个参与国共同利己，两国净收益均为 $B-c$。但我们可以看到，不论博弈均衡是哪一种情况，参与该博弈的两个发展中国家实际上是同时承受了净损失，因为此时的支付 $b-2C$ 或者 $B-c$ 都是负数。这意味着尽管参与国明知就算不进行减排，也应保持现有排放量而不该采取其他损人利己的行为，这对所有参与国的结果都好于其他选择，但最终每个参与国还是忍不住选择了滥用公共资源等行为。

由于发展中国家数量庞大，在追求本国利益最大化过程中必然会出现冲突。如非洲国家，其温室气体排放量占全球总量非常之小，但遭受气候变暖带来的后果却十分严重，本来就干旱高温的非洲地区在农业、生态、水资源以及健康等方面遭受了更为严峻的挑战。与此相对应，石油输出国家却因为担心温室气体减排行动影响本国石油产量，因此在气候大会中采取消极甚至是反对的态度。而基础四国等作为正在崛起的发展中大国，一方面反对发达国家对发展中国家指派强制性减排指标，坚持必须有所区别；另一方面又主张发展中国家内部应一视同仁，采取分步渐进的方式共同承担责任。不同的国家在气候治理中对“供给”“不作为”“掠夺”或是“利己”等策略的选择表现截然不同。

类似的，在发达国家之间也存在利益纠葛与博弈关系，如不同发达国家对于减排的态度就大相径庭。其中，欧盟表现最为踊跃，例如在哥本哈根大会召开前就宣布如果其他大国签署了类似的行动协议，那么欧盟到 2020 年为止将把削减排放量的目标从原定的 20% 提高到 30%，而到 2050 年为止将削减排放量 85% 及以上；而美国却推行单轨制路线，仍然拒绝签订《京都议定书》及制定量化目标；日、加等国则退出了《京都议定书》，并在温室气体减排行动中有所倒退，这一点在 2013 年华沙气候大会上表现得格外明显。

5.3.3 《联合国气候变化框架公约》的重复博弈困境

在《框架公约》下进行的世界气候大会和相关协议的签署，显然都是要经过一轮又一轮艰苦的谈判过程的，在多个回合的相互较量之后才能达成一致，那么这个过程中就必然存在讨价还价和重复博弈。

在进行温室气体减排的努力中，如果能够达成合作协议，自然是对所有的参与国都有好处；而如果谈判的各方无法形成合作，则将继续陷入前面的非合作博弈。此时，如何形成第 4 章所分析过的“意见不一致点”，对于谈判的结果和达成协议的前景就具有重要的影响。因此，各参与国会受到激励，在形成协议之前提高本国的“底线” v_i，而降低对手的“底线” v_j，以增加谈判中讨价还价中的资本，如果 v_i 过低或者 v_j 过高，显然不利于本国在讨价还价中的结果。那么，如果条件或实力允许，在进行谈判之前，参与国就有发动一场“斗争”的动机，于是博弈就将成为展开型的两个阶段：第一阶段各自确定本国的“底线”，然后在此基础上进行第二阶段的讨价还价，这样第一阶段的结果必然会影响到第二阶段讨价还价的策略、手段和最后的结果。当然，这里所指的“斗争”，并不一定是要发起一场冲突甚至战争，很多时候使用“威胁”或者“承诺”的方式就可以达到目的。“意见不一致点”的确定通过谈判之前的这些对抗或者承诺的方式得以解决，恰好体现了一个从非合作走向合作的博弈过程。

我们以两个参与主体的讨价还价模型来进行分析。假设在国际温室气体减排合作中存在两个博弈参与者，如仍将发达国家和发展中国家分别视为一个参与者，那么如果世界气候大会的谈判达成了协议，则全世界总体上获得单位收益 1，发达国家的效用为 y_1，发展中国家的效用为 $y_2 = 1 - y_1$；如没有达成一致，则都没有任何收益。但它们对各自效用的计算有不同观点，例如发达国家是风险中性的，因此关于自己的效用计算是基于“线性”形式的；而发展中国家则是风险厌恶的，对于因为减排对自身经济发展带来的妨碍作用要求有更高的回报，这一点也是不难理解的。在这种情况下构建讨价还价问题（V，v）：

$$V = \{(y_1, y_2) \mid 0 \leqslant y_1 \leqslant 1, 0 \leqslant y_2 \leqslant \sqrt{1-}\}$$

此时（y_1，y_2）是参与者的效用配置，效用的纳什积为 y_1y_2。由于纳什讨价还价解一定位于 V 的边界上，从而仅需要考虑边界上的点（y_1，$\sqrt{1-y_1}$）并使得 $y_1\sqrt{1-y_1}$ 取最大值，对 y_1 求导并令导数为 0 得：

$$\frac{d}{dy_1}(y_1\sqrt{1-y_1}) = \frac{2-3y_1}{2\sqrt{1-y_1}} = 0$$

进而解得 $y_1 = 2/3$，而 $y_2 = 1/3$，即发达国家可分得 2/3，而发展中国家分得 1/3。则效用配置的纳什讨价还价解为（2/3，$\sqrt{3}/3$）。

从上面我们可以看到，在这种特定假设之下，发达国家和发展中国家构成的纳什讨价还价解。如果任何一个参与者考虑使用威胁以试图迫使合作成功，那么一旦觉得无法达成合作协议，参与者就会各自实施曾经发出过的威胁，而不让其成为“空头支票”。此时，不同的威胁将导致不同的“意见不一致点”，从而出现不同的结局，如图5－10所示。

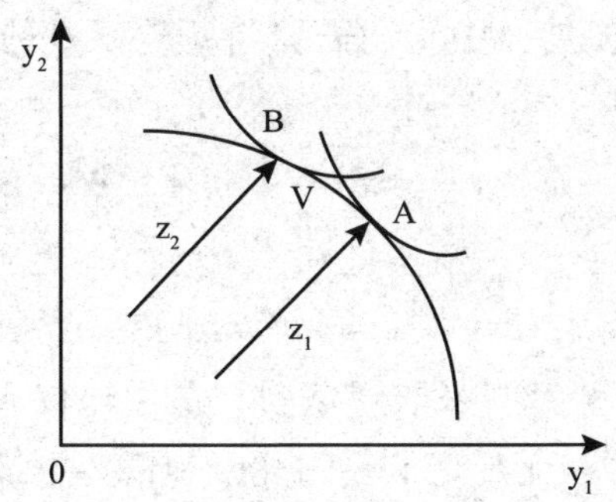

图5－10　讨价还价中的“威胁”或承诺

图中对应意见不一致点 z_1 的讨价还价解是A，而对应 z_2 的则是B，显然发达国家希望通过威胁使得意见不一致点往 z_1 靠近，因为此时的解A对自己有利，可以获得更大的 y_1；相对应的，发展中国家希望通过“威胁”使意见不一致点尽量往 z_2 靠近，此时可获得更大的收益。

如果一轮的会议和谈判达不成合作协议，那么所有的参与国就会进行多回合的谈判，从京都到巴厘岛，从哥本哈根到德班再到利马，正在重复演绎着这个过程。但令人感到遗憾的是，尽管取得了一定的成果，但并没有重大突破，特别是在近几年的世界气候大会上，合作进程反而出现倒退的趋势，多回合的博弈过程显示出重复的囚徒困境。

如果是有限次数谈判的重复囚徒困境博弈，即每个参与国都知道准确的博弈回合数，那么在最后这一轮谈判中，由于没有下一回合了，各参与国会陷入单次的囚徒困境中，此时的纳什均衡只能是(不合作，不合作)。而由于所有参与国都有完全信息，因此既然最后一轮谈判的均衡已经确定，则倒数第二轮的谈判中，所有参与国同样会选择（不合作，不合作）。以此进行倒推，无论有多少轮谈判，每一回合的纳什均衡都是（背叛，背叛）。

但如果谈判的次数无限，或谈判参与国不知道明确的结束时间，那么结果会发生变化。假设在无限次重复博弈中，只要开展合作，参与国在每个回合都会获得 B 单位的收益，定义贴现率 δ，$\delta \in [0, 1]$，在重复博弈中我们需要将每轮谈判的收益均折算成现值。则总收益的现值为：$s \equiv B + \delta B + \delta^2 B + \cdots$。

由于 $\delta B + \delta^2 B + \delta^3 B + \cdots = \delta(B + \delta B + \delta^2 B + \cdots) = \delta s$，可得 $s \equiv B + \delta s$。

这就意味：$s \equiv B/(1 - \delta)$，即计算出了总收益的现值。

如果各国进行谈判时采取“威胁”的手段促成合作的形成，那么“以牙还牙”策略无疑是重复囚徒困境博弈中最著名也是最为有效的策略之一。参与国在每轮谈判中都有两个策略：合作或不合作，参与者最初采取合作，一旦有一个参与者在某一轮谈判中采取了不合作，其他参与国将从以后每一轮谈判都选择不合作。以前面的国际气候合作为例，（不合作，不合作）所带来的收益（0，0）是该囚徒困境博弈的纳什均衡；在重复博弈中，我们将（不合作，不合作）视为对参与国的惩罚措施，而共同合作将带来收益（2B − c，2B − c）。如果参与国采取“以牙还牙”的威胁手段，那么参与国 i 从第一回合开始就选择合作，则每轮谈判都可以获得收益 2B − c，则总收益的现值是：

$$s \equiv (2B - c) + (2B - c)\delta + (2B - c)\delta^2 + \cdots = \frac{2B - c}{1 - \delta}$$

如果在某轮谈判中参与国 i 选择了不合作，则将在背叛的这个回合获得收益 B，但以后每个时期的收益都是 0。因此，只有当不合作的收益大于合作时，参与国 i 才会有偏离合作的动机，此时需要 $(2B - c)/(1 - \delta) \geqslant B$。解该不等式可知，在以牙还牙的威胁策略下，进行国际气候治理合作的均衡解就是：$\delta \geqslant (c - B)/B$，只有满足这个条件合作才会产生，否则参与国更倾向于选择不合作。可以看到，进行合作的贴现率、国际合作的收益、成本与公共品收益之间的差值关系，这三者都会对合作产生重要影响。

5.3.4 《联合国气候变化框架公约》下的气候基金与联盟博弈

在全球温室气体减排的国际合作中，发达国家对发展中国家的直接支持主要来源于资金和技术两个方面，这也是能够切实改变博弈各参与国的“成本”与“收益”的重要措施。目前来看，属于框架公约正式通过具有法律效力、并且受世界各国共同认可的气候基金主要有两个，一是绿色气候基金，在前文中有所涉及，并且该基金处于起步阶段，构建尚不成熟；二是全球环境基金，已运行多年，在以往的历史过程中扮演着比较重要的角色。全球环境基金（Global Environment Facility，GEF）由联合国发起建立于1990年，其目的是为帮助发展中国家适应全球气候变化、保护生物多样性、保护水资源等而提供资金支持和技术转让。全球环境基金是世界各国进行温室气体减排最主要的融资机制，并且在绿色气候基金启动之前，也是《全球气候变化框架公约》之下唯一的官方融资渠道。但经过二十多年的发展以后，全球环境基金暴露出许多问题，受到了不少国家的质疑。一方面，尽管全球环境基金从属于框架公约缔约国大会，但事实上既不向其报告、也不接受审查，缔约国大会对于环境基金不具有实质性干预的权力。另一方面，全球环保基金的治理结构和运行规则充满了不平等，权力分配向发达国家倾斜，引起发展中国家的不满。

全球环境基金的理事会，由32个代表国组成，其中包括14个发达国家、16个发展中国家与2个经济转型国家的代表。理事会的所有决议由全体代表国讨论集体通过，如遇分歧则采取投票表决的方式，但投票结果必须符合双重条件方能够生效：赞成票数必须占出席本次会议代表数量的60%以上，同时这些赞成票所对应的参与国出资额必须占全球环境基金总资金额的60%及以上。很明显，这样的制度安排有利于发达国家，对于发展中国家则是极为不利的。

首先，发展中国家的数目远远多于发达国家，但理事会代表国的名额分配方式使得发达国家占据了将近一半的席位，具有更大的发言权；发展中国家中的大量成员，特别是深受全球气候变化危害的小岛屿联盟国家、非洲和南美洲等热带国家几乎没有出现在理事会中，它们的要求与意见难以表达，利益最相关的国家却离决策最远，出现了强烈的不对称性。其次，由于基金的出资者以发达国家为主，发展中国家的资金额度相对要小得多，因此表决制度中的双重投票条件使得发达国家在通过或否决某项提案时具有压倒性优势，发展中国家想促成某项方案的通过，离不开发达国家的支持。

对于在全球环境基金以及后来的绿色气候基金中存在的集团博弈，我们可以利用联盟博弈模型进行分析。由于每任理事国的成员与出资金额是变动的，且投票条件具有双重性，从而只能采取部分模拟的方式。总体而言，发达国家集团在这样的大联盟合作中起支配作用，出资额远大于发展中国家；因此在促使某个提案被通过的议程中，如不取得多数发达国家的支持，即使所有发展中国家都赞成也无济于事；相反如果发达国家集团想否决一个项目将十分容易。因此，我们模拟联合国安理会的表决体系来构建在全球气候治理基金中的联盟博弈模型。

假设在框架公约下的气候基金中，存在由所有国家自发结成的10个子联盟（假定各子联盟成员数量基本相同，但出资额不同），即国家利益集团。其中，存在3个较大出资金额的集团，如欧盟、伞形国家集团、欧佩克（甚至包括“基础四国”等主要发展中国家组成的集团）；另外有7个出资金额较小的集团，主要由发展中国家组成。当讨论某提案时，如意见一致，该项目被通过或被否决；如意见不一致，则需要进行投票。在投票中，规定所有集团不允许弃权，且大集团具有一票否决权。此时，对某项提案进行审议，如对小岛屿联盟国家的成员提供资金和技术援助，提案要想被通过，至少需要6票，并且其中3个大集团必须投赞成票。在这个过程中，即使是拥有否决权的某个大集团也无权强求提供自己赞成的某项国际公共品；为达到目的，它必须争取组成一个新的联盟，并且该联盟包含其他2个大集团，并至少包含3个小集团。只有这样的联盟，才能保证提案通过。

构建该博弈的特征函数：

$$\begin{cases}\nu(S)=1, \ \forall S\in 2^N, \quad S\text{包含所有大集团与至少3个小集团}\\ \nu(S)=0, \ \text{其余的}S\end{cases}$$

其中 $\nu(S)$ 只能取值1或0，我们指定议案通过的联盟的特征函数取值为1，其他为0。此时形成了加权多数博弈：

$$T=(M;\ w_1,\ w_2,\ \cdots,\ w_n)$$

其中 w_1，w_2，…，w_n 为非负实数，且 $M>\frac{1}{2}\sum_{i=1}^{n}w_i$。这是一个参与者数目为n的合作博弈，其特征函数定义为对于所有的 $S\in 2^N\backslash\{\emptyset\}$，有：

$$\begin{cases}\upsilon(S)=1\text{若}\sum_{i\in S}w_i\geqslant M\\ \upsilon(S)=0\text{若}\sum_{i\in S}w_i<M\end{cases}$$

这里 w_i 表示投票集团i的权利，代表各个集团的投票比例。根据双重投票条件，大集团和小集团的投票权重不一样，我们赋予每个大集团5票的权力，每个小集团1票的权力，那么在总共的22票中，使得某提案获得通过必须有18票及以上，显然其中包括大集团的15票与小集团的至少3票。此时投票的加权多数博弈模型为：

$$V=(18;\ 5,\ 5,\ 5,\ 1,\ 1,\ 1,\ 1,\ 1,\ 1,\ 1)$$

任何一个小集团提出的气候治理项目被通过的可能性，根据Shapley值的计算原则，必须符合以下条件：它恰好排在第6位，而在它之前的5个成员中，必须包含全部3个大集团。此时的Shapley值就是该小集团恰好第6个进入任何一个已经包含了3个大集团成员的子联盟的概率：

$$\emptyset_i=C_5^2\left(\frac{3}{10}\right)\left(\frac{2}{9}\right)\left(\frac{1}{8}\right)\left(\frac{6}{7}\right)\left(\frac{5}{6}\right)\left(\frac{1}{5}\right)$$

解之得小集团i的Shapley值约为 $\emptyset_i=0.0119$。该数据反映了在全球环境基金制度安排下，某个发展中国家集团主导某项提案被通过的概率，也反映了它在这个大联盟中的权力。假设 3 个大集团具有大致相当的权力，那么某大集团 j 的 Shapley 值就是它希望一个提案通过的可能性，因此集团 j 的 Shapley 值为：$Ø_j = \frac{1}{3}(1 - 7 \times Ø_i) = 0.3056$。可见在这个制度下，主要由发达国家组成的大集团被赋予的权力是由发展中国家组成的小集团的 25 倍多。

通过以上模拟分析，我们得出以下两点结论。一是在这样的制度安排之下，发达国家具有更大的权力，不仅是在否决一个项目上，更是在支持某项国际公共品的供给中，发展中国家的表决权与发达国家根本无法比拟。二是利益集团具有巨大的能力，也是由于利益集团的存在，在国际公共品特别是世界气候大会这样的制度中的博弈变得更为复杂和艰难。因此在全球温室气体的减排中，想要真正的达成一致、将国际合作落到实处，在整个世界各国形成的大联盟中，如何分配各国的权力大小也是至关重要的。特别是在气候基金等直接对发展中国家带来资金支持的合作方面，必须充分考虑发展中国家的利益，让这些国家表达出本国的需求，而避免形成由发达国家单方面说了算的制度安排。

5.4 本章小结

本章选取全球温室气体减排这一国际环境公共品案例进行了博弈分析。得出以下结论：

（1）《联合国气候变化框架公约》与全球气候大会制度是目前主要的温室气体减排合作方式，但没有取得成功，未达到理想的减排目标，同时资金供给不足。而参与国数量众多，也是合作难以取得成效的重要原因之一。

（2）温室气体减排接近于纯公共品性质，并适合用线性加总技术进行供给；供给过程易陷入“囚徒”困境、“斗鸡”博弈等博弈困境；供给行为所带来的收益与成本的严重不对等，导致困境的出现；最低门槛技术、成本分担以及补偿机制可有效促进合作，解决供给数量不足的问题。

（3）全球减排合作中存在不同的利益集团，利益集团的出现能够部分改善供给困境；各国间、利益集团之间均存在博弈，而发达国家与发展中国家之间的博弈是主要矛盾；在动态过程中，如果共同合作时的收益大于单独背叛和共同背叛两种情况下的平均收益，就有可能促进合作形成。

（4）有限重复博弈并不能改善温室气体减排中的博弈困境；而无限重复博弈中，“以牙还牙”策略是促进合作的有效手段，同时贴现率、国际合作收益的绝对值、成本与收益的比值，这三者都会对合作产生重要影响。

（5）在气候基金中，发达国家具有更大的权力，发展中国家的表决权与发达国家根本无法比拟；另外利益集团在其中具有巨大的影响。在全球温室气体减排中，各国权力的分配方式对于合作形成具有重要意义，必须充分考虑发展中国家的利益。

第6章

国际环境公共品供给案例分析Ⅱ：莱茵河国际治理合作

6.1 莱茵河污染与治理历史回顾

6.1.1 时期Ⅰ：1963年之前的国际合作

莱茵河是西欧最长的河流，发源于阿尔卑斯山脉，其干流依次流经瑞士、列支敦士登、奥地利、法国、德国以及荷兰等六个国家，最后注入北海；其支流还经过比利时、卢森堡和意大利三国。莱茵河对欧洲的发展具有重要作用，同时欧洲的主要工业区都位于该河流域内，包括德国的鲁尔工业区、荷兰鹿特丹附近的莱茵河口区等。而自维也纳会议[①]规定"开放国际河流"以来，莱茵河也成为重要的国际航运水道。因此，莱茵河本身具有明显的国际公共资

① 维也纳会议是从1814年9月18日~1815年6月9日之间在奥地利维也纳召开的一次欧洲列强的外交会议，其目的在于重划拿破仑战败后的欧洲政治地图。会议取得了诸如建立欧洲协调的合作常规架构、废除奴隶买卖、开放国际河流等成就，对欧洲的和平重建社会进步具有促进作用。

源性质，为流域各国所共同享用。

“二战”以前，关于莱茵河的国际间合作仅限于航运及鲑鱼捕捞。“二战”结束以后，随着欧洲各国战后重建和工业的高速发展，莱茵河受到了重大污染，水质情况恶化，甚至一度被称为欧洲“最大的下水道”。1950年7月，由荷兰倡议，瑞士、德国等五国共同参与，成立了防污染国际委员会；1963年沿流域各国在多轮磋商后签订了《伯尔尼公约》规定了对莱茵河的合作治理，并明确了防污染国际委员会的职责。

6.1.2 时期Ⅱ：1964~1985年的合作治理

《伯尔尼公约》（以下简称《公约》）的签署，为各国进行莱茵河治理的国际合作提供了统一的框架和依据。但总体而言，公约签署后的二十多年即1964~1985年间，莱茵河的国际治理进展仍然缓慢。这一时期沿岸国家为改进和建设污水处理系统共投资约600亿美元。合作治理的核心主要集中在两个方面。一是关于氯化物排放量的削减问题。相关各国在全面组织开展氯化物排放控制技术研究的基础上，于1976年正式签署了《保护莱茵河防治氯化物污染公约》。该公约规定，截至1979年底法国必须削减60%的氯化物排放量，削减成本由各国自行承担，其中法国支付30%，而荷兰、德国和瑞士分别承担34%、30%和6%。二是化学污染的治理。关于化学污染的治理，各国的态度表现不一：荷兰处于莱茵河最下游，受害最为严重，是磋商过程中最积极的国家；法国除向莱茵河排放氯化物外未造成其他化学污染，在磋商中支持荷兰；而德国的化学工业主要位于莱茵河流域，出于本国利益对于化学污染的治理并不积极。最终各国于1976年签署了《化学品公约》，同意逐步停止排放公约中规定的“黑名单”物质，并减少排放“灰名单”物质。但化学污染物的治理进展极为艰难，至1986年为止也只制定了12种物质的排放标准。

6.1.3 时期Ⅲ："桑多斯"事件以及1986年至今的合作治理

莱茵河合作治理取得重大突破，始于1986年的"桑多斯事件"。1986年11月1日，位于瑞士的桑多斯化工厂起火爆炸，导致仓库中的大量有害物质泄漏流入莱茵河，造成下游众多鱼类、水鸭等水生生物大面积死亡①，并导致将近五百公里内的饮用水源受污染，无法使用，沿岸的许多水厂和啤酒厂等也因此关闭。这一事故使之前数百亿美元的治理努力付诸东流。该事故发生后，桑多斯公司赔偿了五百万瑞士法郎来用于河流治理和化学污染物清理工作，这笔基金也为后来实施的"莱茵河行动计划"提供了启动资金。而瑞、德、法、卢、荷各国的化学公司在"绿党"② 以及公众和舆论的推动下，也紧随其后捐献出数百万美元对莱茵河的恢复治理进行支持。

随后经过多方讨论和不断修改，各国终于在1987年初的流域国家环境部长会议上达成一致，通过并签署了由防污染国际委员会制定的《2000年前莱茵河行动计划》，从此对莱茵河的国际合作治理进入了一个新的阶段。该计划以生态系统的恢复与重新构建为核心任务，并以莱茵河流域生物种群的表现作为对环境改善程度的评估指标，在此基础上对莱茵河进行全方位的治理。该计划得到了流域各国以及当时的欧共体（后来的欧盟）的一致支持。"2000年计划"并不是单纯地使用水质指标来进行考察莱茵河的治理改善，而是将恢复完整的流域生态系统作为治理的中心目标，贯彻着"洁净的河流应该是一个健全生态系统的骨干"的这一理念基础③。该计

---

① 污染物包括近30吨硫化物、磷化物、汞、灭火剂溶液等；导致下游160千米内约有60万条鱼被毒死。

② 绿党是提出保护环境的非政府组织发展而来的政党，提出"生态优先"、非暴力、基层民主、反核原则等政治主张，积极参政议政，开展环境保护活动，对全球的环境保护运动具有积极的推动作用。

③ 刘佳奇．《莱茵河保护公约》的协调机制及其展开［J］．云南大学学报，2012(5)：95－101.

划在后来的莱茵河国际治理中起到了重要作用，对于国际合作产生了实质性的推动作用。当“2000 年计划”到期以后，流域各国又制定并通过了第二个行动计划——《莱茵河 2020 计划》，规定了 2001～2020 年的治理行动，具体包括生态系统改善、洪水防治、莱茵河水质以及地下水等四个方面的目标与措施。

经过流域各国多年的努力，特别是“桑多斯”事件的发生以及《2000 年前莱茵河行动计划》的制定，莱茵河的污染治理与国际合作行动取得了显著的成效，据调查到 2002 年为止莱茵河流域生态系统已恢复到“二战”以前的生物多样性水平，成功再现昔日美丽景象。从此，莱茵河就成为国际环境治理合作的典范，也是国际公共品供给的成功案例。

6.1.4 保护莱茵河委员会

在莱茵河国际治理的过程中，除了各国政府的努力与合作，还有一个不容忽视的组织——保护莱茵河国际委员会，起着至关重要的作用。保护莱茵河国际委员会（International Commission for the Protection of the Rhine，ICPR）的前身是防污染国际委员会，由德国、法国、卢森堡、荷兰、瑞士等五国于 1950 年共同建立。1963 年的《伯尔尼条约》规定了该委员会的任务，即组织有关莱茵河污染物品种、来源和范围的调研，提出减少污染适用方法的建议以及准备各参与国之间的协议。委员会还可承担沿岸各国共同委托的事务。据此 1987 年委员会承担了恢复莱茵河生态环境的工作，参与制定了《2000 年前莱茵河行动计划》。1995 年莱茵河和马斯河发生严重洪灾后，委员会又承担了防洪任务，但监测和采取措施等具体工作还是由各国自行承担，委员会只是各国政府和欧盟的一个咨询与协商的平台。此外，委员会还与莱茵河航运中央委员会、康斯坦斯湖以及莫赛和萨尔河防污染国际委员会合作。委员会工作卓有成效，受委托的任务逐渐增减增加。由于授权范围拓宽，委员会于 1994 年正式改名为“保护莱茵河国际委员会”。

保护莱茵河国际委员会的组织结构如图 6－1 所示①。委员会主席由各成员国国轮流出任，但秘书长固定由荷兰人担任，这主要是因为荷兰处于莱茵河最下游，在污染问题上最具有发言权，因此对治理污染最有责任心和紧迫感②。委员会的最高决策机制为流域各国部长参加的全体会议，每年定期召开一次，分配委员会和各成员国的任务。执行讨论的会议一年多达七十余次，致力于贯彻各项决议与政策。委员会下设常设机构秘书处，负责处理日常工作；同时设有多个工作小组，对专业技术问题进行研究与协调；另外还有由政府间组织（如莱茵河航运委员会）和非政府组织（NGOs）组成的观察员小组，对各国的计划实施情况进行监督。

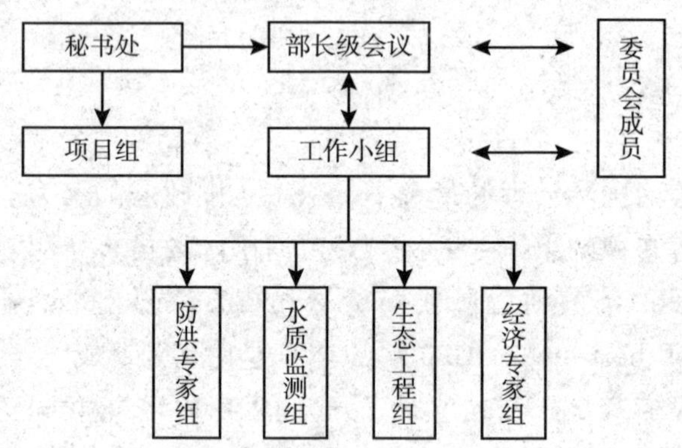

图 6－1　保护莱茵河国际委员会（ICPR）的组织结构

资料来源：ICPR 网站 http：//www. iksr. org/.

保护莱茵河国际委员会实质上并没有强制力与制定法律的权力，也没有处罚权与行政管辖权，因此该委员会的工作和协调建立在非强制的基础上。各成员国的认真执行和积极合作是促使 ICPR

① 委员会下设一个常设机构——秘书处，设在德国科布伦茨市，负责日常工作，另外还设有由政府间组织（如河流委员会、航运委员会等）和非政府间组织（如自然保护和环境保护组织、饮用水公司、化学企业、食品企业等）组成的观察员小组，监督各国工作计划的实施。

② 王明远，肖静．莱茵河化学污染事件及多边反应［J］．环境保护，2006：69－73.

所制定的规章和标准能落到实处的根本性保障，而畅通无阻的跨流域协调机制促进了各国达成共识，也保证了管理的效率；同时ICPR联合了众多的舆论媒体、经注册的“用水敏感企业”的“通报员”等实行共同监督，收到了良好的成效。

6.2 莱茵河国际治理合作的博弈困境

6.2.1 莱茵河治理中的加权加总博弈

由于水体污染与气体污染具有不同的特征，莱茵河治理中的博弈与全球温室气体减排的情形有所不同。首先，莱茵河的水体污染随河流从上游向下游扩散，并且该扩散过程是单向而不是双向的——但值得注意的是，这并不意味着国际治理的收益也是单向的，只不过下游国家收益更大。其次，上游国家对本国造成生态等方面的直接损害，并同时对下游所有国家都造成污染损害，如果沿途国家不进行治理的话，污染程度将逐步累积（河流的自我清洁与再生能力，在工业化污染面前可以忽略不计），因此越处于下游的国家所承受的损失就越大，而该国独立对莱茵河进行治理的成本也越高。但是在莱茵河的国际治理中，每个国家的贡献量都可以累积到总体贡献量之中，并且某个国家的贡献量可以被其他国家部分替代。因此，我们可以将莱茵河的国际治理过程视为加权加总技术下的博弈，而这个加权加总博弈更接近于线性加总，因此可借用线性加总的相关模型进行分析。

如图6－2所示，以莱茵河干流为例，其发源于瑞士，依次流经列支敦士登、奥地利，然后进入法国和德国，最后从荷兰注入北海。由此可知，处于最下游的荷兰是受莱茵河污染损害最严重的国家，而最上游的瑞士则相对较轻；由瑞士所造成并排放流出本国国境的污染，将由其下游各国共同治理。

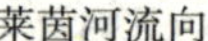

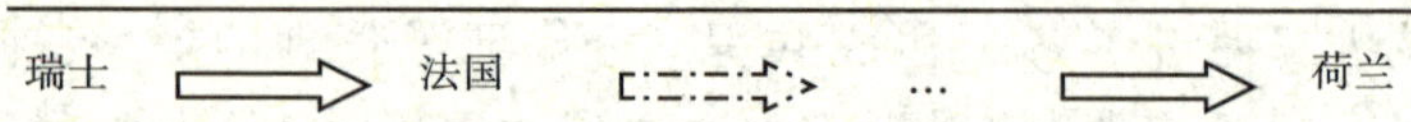

图6－2　莱茵河流向所形成的加权加总的供给方式示意

选取具有代表性的两个国家国作为博弈的参与国，如瑞士与德国，命名为参与国1和参与国2，如图6－3所示。其中参与国1代表上游国家，在此为瑞士；参与国2代表下游国家，在此为德国。将具体数值代入第3章的图3－3，得到图6－3。其中，假设当两国采取合作行为治理莱茵河时能取得集体最大化的收益，（C，C）的合作策略组合获得了（2，2）的支付，总计为4；当上游国家1积极治理、而下游国家2不采取行动时，尽管下游国2仍然要忍受本国污染所造成的损失，但由于上游国1已经把其产生的污染治理完毕，而下游国2并不需要付出成本，因而假设此时的收益反而高于合作时的情况，支付变成了（－1，4）；当下游国2单独进行治理时，其成本将高于上游国1单独治理的成本，而上游国1获得的收益将比合作时略高，但低于下游国2搭便车所能获得的收益，因此支付变成了（3，－2）；当然，如果两国均不行动，结果只能为（0，0）。在这种情况下，治理河流的行动再次出现了囚徒困境，最后的纳什均衡仍然是（N，N）的不合作策略组合。

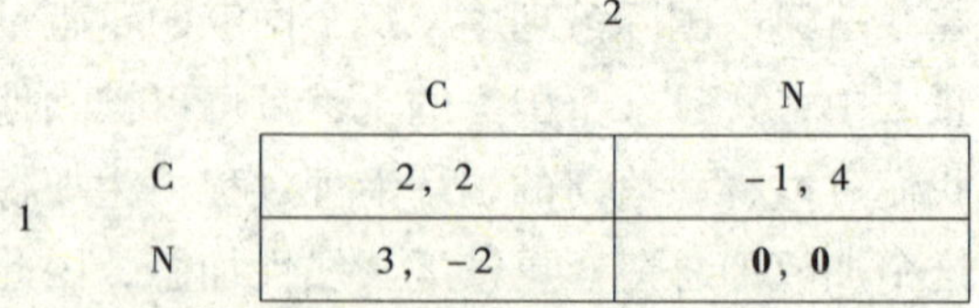

		2	
		C	N
1	C	2，2	－1，4
	N	3，－2	**0，0**

图6－3　莱茵河国际治理中的囚徒困境

接下来，我们考虑莱茵河治理过程中的转折点——“桑多斯事件”所带来的影响。将设计的数值关系代入图3－4可得图6－4。

		2 C	2 N
1	C	2，2	-1，4
1	N	3，-2	-5，-7

图6-4 莱茵河国际治理中的斗鸡困境

由于该化学物质泄漏事故具有重大破坏力，造成了严重后果，因此原来的策略组合（N，N）所带来的后果将比图6-3中囚徒困境条件下一无所获的结果更差，为（-5，-7）。在这种情况下，即使上游国1不采取行动，由于-2优于-7，则下游国2也将会单方面采取应急措施对重大污染事故进行治理；而相应的，即使上游国1认为下游国2不采取行动，本国也必须对这个事件进行处理。因此在这种情况下，至少会有一方采取合作的姿态，博弈不再是一味地不合作，原来的囚徒困境会转变为斗鸡博弈，甚至可能产生合作均衡。

这正如我们在现实中所看到的，“桑多斯事件”爆发以后流域各国迅速展开行动，对该事故进行了国际治理，瑞士在其中也承担了较大的责任。

6.2.2 莱茵河治理中的博弈均衡与帕累托均衡比较

跨国境河流的水体污染问题必然会涉及多个国家的经济与环境利益，直接对流域的生态环境、人类健康与生存造成威胁，还会带来间接的经济损失。特别是像莱茵河这样的大河，全长上千公里，不仅是德国的摇篮①，也对流域的其他几个国家具有重要的意义和影响。由于缺乏超越国家主权的“超级政府”进行统一管理②，流

① 莱茵河流经德国的部分长度为865公里，流域面积占德国总面积的40%，同时流经德国最为重要的几个工业区如鲁尔区等，既满足着上千万德国人饮水的需求，又承担着繁重的内河运输与农业灌溉的任务，被德国人称为“命运之河”或“父亲河”。

② 欧盟（EU）在一定程度上具有“超级政府”职能，但远不具备中央政府对地方政府般的权威。

域各国就可能以主权原则为借口，以本国利益最大化为目标，通过超量排放污染物的方式来保证本国经济和工业的发展，以此“掠夺”公共资源。如果所有国家都这么做，河流必然被严重污染，最终形成“公共地悲剧”。

根据第3章的分析，在“公共地的悲剧”这类博弈中，“掠夺”公共资源或提供公害品的行为，其达到纳什均衡时的数量总是要高于帕累托最优时的情况，即各参与国一定会过度行动。且在这个过程中，行动是策略互补品，即一国的掠夺行为会刺激其他参与国增加本国的掠夺行为，各个国家追逐本国经济的发展，必然会使河水的污染进一步加剧。

基于上述考虑，我们假设流域中的八个国家（列支敦士登由于过小予以忽略）都对莱茵河排放污染物，不仅对本国河段造成污染，同时上游国家也对下游所有国家均带来污染；而各参与国又均对莱茵河进行治理。莱茵河流域各国总体上均属于发达国家，差距并不是特别明显，因此将八个参与国视为地位平等，且追求本国利益最大化的独立理性个体。假设其中的参与国 i 只“消费”两种物品，即治理莱茵河这一国际环境公共品，数量为 g_i，以及本国物品，数量为 x_i。则该国际环境公共品的总体供给水平为：$G = \sum_{i=1}^{n=8} g_i$。

国家 i 的效用函数为 $u_i(x_i, G)$，表示其效用由本国物品和国际环境公共品的数量共同决定。这里我们假定在既定污染水平上进行治理，即污染总量已经确定，治理水平越高则效用越高。参与国 i 的总收入 I 是外生变量，有：$I_i = p_i x_i + p_g g_i$。其中 p_i 为本国物品的单位成本，p_g 为国际环境治理的单位成本。本国物品或国际环境公共品的边际效用均大于0，且边际替代率递减。

在莱茵河治理的过程中，各个国家面临的问题就是如何在给定其他各国的策略选择的前提下，选择本国的最优策略以实现效用最大化，即：

$$\begin{cases} \max u_i(x_i, G) \\ \text{s.t. } I_i = p_i x_i + p_g g_i,\ G = \sum_{i=1}^{n=8} g_i \end{cases} \tag{6.1}$$

构建拉格朗日函数L求解式（6.1），可得：

$$L = u_i(x_i, G) + \lambda(I_i - p_i x_i - p_g g_i) \tag{6.2}$$

其中λ是拉格朗日乘数，从而解得

$$\frac{\partial u_i / \partial x_i}{\partial u_i / \partial G} = \frac{p_i}{p_g}, \ i = 1, 2, \cdots, 8 \tag{6.3}$$

式（6.3）即为各个国家在莱茵河国际治理中参与行动的纳什均衡条件，所有独立参与国的均衡条件共同决定了全流域环境治理的纳什均衡：

$$g^* = (g_1^*, \cdots, g_i^*, \cdots, g_8^*), \ G^* = \sum g_i^* \tag{6.4}$$

其中G^*就是这些国家在追求本国利益最大化时，所实现的莱茵河国际治理合作在总体纳什均衡下的供给水平。各参与国的个体理性最后是导致集体的利益最大化，还是再次陷入囚徒困境的悲剧，需进一步分析，考察纳什均衡是否同时也达到了帕累托最优的状态。

求这些参与国的集体福利函数：

$$W = \sum_{i=1}^{n=8} w_i u_i, \ w_i \geqslant 0 \tag{6.5}$$

式（6.5）中的W为总体福利函数，w_i为参与国i的效用权重，而效用函数u_i由于代表了各参与国在合作治理中的收益即福利状况。将所有国家的预算约束加总，得到总预算约束条件为：

$$\sum_{i=1}^{n=8} p_i x_i + \sum_{i=1}^{n=8} p_g G = \sum_{i=1}^{n=8} p_i x_i + p_g G \leqslant \sum_{i=1}^{n=8} I_i$$

要计算集体福利最大化，也就是要使得式（6.5）最大化，再次构建拉格朗日函数可得这些国家所组成的集体要达到帕累托最优所需满足的条件：

$$\sum_{i \neq j}^{n=7} \frac{\partial u_i / \partial x_i}{\partial u_i / \partial G} + \frac{\partial u_j / \partial x_j}{\partial u_j / \partial G} = \frac{p_i}{p_g} \tag{6.6}$$

这就意味着在莱茵河的治理过程中，国际环境公共品供给数量在纳什均衡下是要小于帕累托最优状态的，即并没有达到合意的水平。

为了进一步计算帕累托最优与纳什均衡之间的国际公共品供给

水平的差距，我们假定效用函数为柯布—道格拉斯形式进行分析：$u_i = x_i^{\alpha} G^{\beta}$

其中 $0 < \alpha$，$\beta < 1$，$\alpha + \beta \leqslant 1$，并且效用函数关于公共品 G 的一阶导数 $\partial u_i / G > 0$，二阶导数 $\partial^2 u_i < 0$。

在此基础上，可以把式（6.3）改写为：

$$\frac{\beta x_i^{\alpha} G^{1-\beta}}{\alpha x_i^{1-\alpha} G^{\beta}} = \frac{p_g}{p_i} \tag{6.7}$$

将预算约束条件代入并整理得到各参与国的行动函数：

$$g_i = \frac{\beta}{\alpha + \beta} \frac{I_i}{p_g} - \frac{\alpha}{\alpha + \beta} \sum_{i \neq j} g_j, \ i = 1, 2, \cdots, 8 \tag{6.8}$$

由于这几个国家综合国力相对差异不大，为简化起见假设所有的国家拥有相同的预算支出（设为 I），并且在纳什均衡之下所有参与国愿意提供的国际环境公共品的水平相同。因此各国在纳什均衡下的国际环境公共品供给量为：

$$g_i^* = \frac{\beta}{8\alpha + \beta} \frac{I}{p_g}, \ i = 1, 2, \cdots, 8$$

则八国供给总量为：

$$G^* = \frac{8\beta}{8\alpha + \beta} \frac{I}{p_g} \tag{6.9}$$

然后我们计算在这种形式下的帕累托最优均衡，得：

$$8 \frac{\beta x_i^{\alpha} G^{1-\beta}}{\alpha x_i^{1-\alpha} G^{\beta}} = \frac{p_g}{p_i} \tag{6.10}$$

将总体的预算约束条件代入上面的式子，就可以得到单个国家符合帕累托最优的国际环境公共品供给量 g_i^{**}：

$$g_i^{**} = \frac{\beta}{\alpha + \beta} \frac{I}{p_g} \tag{6.11}$$

则帕累托最优的国际公共品供给总量为：

$$G^{**} = 8 g_i^{**} = \frac{8\beta}{\alpha + \beta} \frac{I}{p_g} \tag{6.12}$$

将两个均衡条件进行比较，可以明显地发现：

$$\frac{G^*}{G^{**}} = \frac{\alpha + \beta}{8\alpha + \beta} < 1 \tag{6.13}$$

因此，在治理莱茵河跨国污染的过程中，各参与国的国际环境公共品供给数量在纳什均衡下是要小于帕累托最优状态的，并且这个差距将随着参与国的增加而变大；并且两者的差距还非常大，远远未达到合意的供给水平。这反映了个体的“理性”再次导致了集体不理性，在治理跨流域污染的博弈中，各个参与国从本国利益最大化出发，并不能导致总体福利最大化。

从以上模型还可以看出，如果治理跨国境的污染所承担的单位支出的效用与本国物品的单位支出的效用的比值越大，那么参与国就越趋向于增加治理行为，则纳什均衡就会向帕累托最优靠近，作为个体的参与国的社会福利水平增加得就会越快，从而会促进国际环境治理的进行。例如，瑞士作为上游国家，受污染程度最小，进行治理时付出每单位成本获得的边际收益较小，而治理行为的正外部性较大，因此积极性并不高；但当发生重大泄漏事故时，一方面本国境内的流域遭到严重的污染，另一方面也需要为下游国家负责，此时对莱茵河的紧急治理就可视为“本国物品”，为此采取的行动固然有正外部性，但更多的是为本国带来收益，在控制损失的同时也减少本国支付的赔偿金额，从而使得瑞士具有高度的行动积极性。所以对于这种跨国性大型河流的治理，往往只有在污染十分严重、能够显著威胁到本国的经济发展以及居民的健康和安全，又或是国际性的污染引起邻国强烈抗议或带来重大负面影响时，相关国家才会进行积极的治理；而对于紧迫程度较低的污染问题，则往往会置之不理。

这些因素正是影响莱茵河合作治理初期成效甚微的一个重要原因。莱茵河共流经九个国家①，治理行动涉及的参与国数量众多，必然给合作的进行带来障碍。同时，大部分国家也正处于“二战”以后的生产恢复时期，经济建设与生产力的发展是当时国内的首要目标，牺牲部分环境利益以换取发展成果在各相关国看来是

① 事实上，在治理初期德国还处于德意志联邦共和国与德意志民主共和国（即西德与东德）两国并立时期，直到1990年才重新合并。当时两德的关系微妙，合作开展更为困难。

“在所难免”的，因此在这个时期相关参与国在国际联合治理行动中表现得并不是特别积极，“国内物品”的权重要远大于“国际环境公共品”。

而莱茵河国际治理合作的转折点出现在1986年，也是多方面因素共同作用的结果，属于“偶然中的必然”。首先，如第3章所分析的，当发生重大跨国突发事故时，相关各国必须马上采取紧急措施予以应对，否则将产生灾难性的严重后果，从而会带来更大的损失。在这种情况下，博弈的类型就发生了改变，囚徒困境的局面向斗鸡博弈的情形转变，彻底的不合作从而导致集体的悲剧已经不再是占优策略，至少有一个参与国具有单方面进行合作的激励与动机，尽管每个国家都更愿意等对手采取合作行动后再进行搭便车，但如果没有人首先行动的话，本国进行治理总比所有参与国坐视不理要好。其次，到1986年为止，沿莱茵河流域相关国家的生产力得到了很大的恢复与发展，而桑多斯化工厂重大泄漏事故带来了灾难性的后果，严重危及各国居民的健康与安全，导致大量民众和民间组织提出抗议、走上街头游行，对于部分国家而言在为事故感到震惊的同时，也具有“羞耻感”①，此时符合前面所分析进行国际环境公共品的供给所带来的效用的权重在增加，相关国家逐渐开始了积极治理。最后，还有不容忽视的一点就是随着时间的推移，欧盟各成员国政府间的合作机制比以前顺畅，联系比以前紧密，这也就意味着各国之间的利益同质性在增加，同样对进一步开展治理合作起到了促进作用。

另外需要注意的是，以上对莱茵河国际治理的纳什均衡的分析是建立在各个国家的预算支出规模相等时的情况（假定每个国家的预算支出都是I）。实际上，各个国家的经济发展水平、经济规模还是存在一定的差异，即使在欧盟内部也有不小的差距，通常大国的预算支出规模大于小国。奥尔森（Olson，1982）曾经以社区中二人博弈为例证明，在收入差距很大的情况下，只有高收入居民愿意

① 刘佳奇.《莱茵河保护公约》的协调机制及其展开［J］.云南大学学报，2012(5)：95-101.

提供公共品，低收入者只会选择搭便车，收入平均分配下的纳什均衡总供给大于收入分配不平等的纳什均衡供给①。奥尔森的这个结论同样可以推广到国际环境治理问题中，不仅包括本章中的莱茵河案例，也包括之前的全球温室气体减排的博弈或臭氧层保护、硫化物排放控制等情形。特别是在全球温室气体排放问题上，各个国家的经济总量差距很大，温室气体的排放量与经济总量又往往是正相关的。大国治理的外部效应相对较小，而小国治理环境污染的外部效应较大，大国从较好的环境中能够获得更多的福利。这时候大国与小国关于国际环境治理的博弈就很容易转变到前面所分析过的“强者供给”与智猪博弈的情况。

6.3 莱茵河治理中的“讨价还价”博弈与合作形成

沿着前面两节的轨迹，我们继续分析莱茵河国际治理过程中的博弈与合作，在这一节中研究其中的讨价还价过程、合作的形成，以及当合作形成以后防止出现背叛承诺的行为导致重新谈判的出现。

沿袭第4章对合作博弈中讨价还价博弈的分析方法，为简便起见，我们分析两个参与国的情形，对于全流域所有国家的多国博弈可以比较容易进行推广。假定两个参与国为1和2，则第一阶段博弈为前两节所分析的不合作状态，即囚徒或其他困境。有限次的重复囚徒困境博弈，会使得两个参与国在每个博弈阶段中仍然选择（N，N）的策略组合，即不合作，在任何阶段都不能通过合作达到（C，C）的状态。为使得各参与国在谈判过程中达成合作，确定“意见不一致点”，我们认为新加入的策略D代表着两个参与国在讨价还价中取得的一个折中处理方案，并且这个方

① Olson M. The rise and decline of nations: economic growth, stagflation, and social rigidities [M]. Yale Vniversity Press. 1982.

案要优于不合作的状态，但也劣于全面合作的情况，令 T = 10，R = 8，P = 2，S = 0，且策略 D 代表的支付为 6，代入相关具体数值可得到图 6 – 5：

		2		
		C	N	D
	C	(8, 8)	(0, 10)	(0, 0)
1	N	(10, 0)	(2, 2)	(0, 0)
	D	(0, 0)	(0, 0)	(6, 6)

图 6 – 5　莱茵河治理谈判的第一阶段博弈

从图 6 – 5 可知，新一轮博弈中存在两个纳什均衡（N，N）和（D，D），且（D，D）优于（N，N）。如果每次进行新的谈判之前，参与国都可以知道到上一阶段博弈的结果，那么参与国的选择就可能受到影响。在莱茵河的治理中，各国的行为都受到其他国家之前的协议执行情况与合作诚意的影响。假设合作过程是有期限的，如在《2000 年莱茵河行动计划》中，2000 年就是博弈的最后一个阶段，那么在这一阶段同样也必须满足纳什均衡，但此时新的阶段博弈有两个纳什均衡，参与国会根据上一轮谈判的结果来预测最终阶段的策略选择。如果参与国在上一阶段仍然选择相互背叛的策略（N，N），那么最终阶段的结果必然是（2，2），可以视为对双方无合作意向或缺乏诚意的一种惩罚。相反，假使参与双方就合作达成了一致，那么上一阶段就会选择（C，C），而最终阶段选择（D，D），这是在满足了纳什均衡下最合意的结局，可视为对参与国的奖励。

为简化起见，我们不妨设该有限次重复博弈共两个阶段，即莱茵河流域国家的环境部长会议总共进行两轮的谈判，这并不会使博弈原来的策略选择发生实质性变化。根据上面对第一阶段博弈的分析，我们计算出第二阶段博弈所能获得的总支付矩阵，如图 6 – 6 所示：

		2		
		C	N	D
	C	(14, 14)	(2, 12)	(2, 2)
1	N	(12, 2)	(4, 4)	(2, 2)
	D	(2, 2)	(2, 2)	(8, 8)

图6－6　莱茵河治理谈判的第二阶段博弈

图6－6中九个单元格分别代表了这两轮谈判在不同情况下所对应的总支付。可以看到其中对于各参与国个体与总体来说都是最优结果的支付为（14，14），而（2，2）则是双重最差结果。但是只有在第一阶段选择了（C，C），才能在第二阶段达到（D，D）的纳什均衡，只有左上角的单元格是加上了支付（6，6），而其他单元格均增加了不合作的惩罚（2，2）。图6－6中就有三个纳什均衡（C，C），（N，N）和（D，D），分别对应两阶段重复博弈的三个子博弈完美均衡（（C，C），（D，D）），（（N，N），（N，N））和（（N，N），（D，D））。显然（（C，C），（D，D））优于其他两个，并且它表示了在第一阶段两个参与国就对莱茵河的治理合作达成了一致；如果有某个参与国在某阶段发生了偏离，那就采取"以牙还牙"策略惩罚到底。

但是在这两轮讨价还价中，一旦发现上一阶段即最初的结果不是合作，那么就在第二阶段选择不合作的行为，似乎对于两个参与国而言都是不理性的，显然此时纳什均衡（D，D）对二者都是更好的选择，从而会促使它们抛开之前的不满，重新进行谈判。于是，在有限次重复博弈中就出现了再度谈判的可能性，参与国对利益最大化的追求，可能会放弃对背叛者的惩罚。在莱茵河治理过程中，如果参与国1违反协定没有尽到治理的义务，甚至增加了污染物排放量，参与国2也可通过违背协议增加本国排放量的方式惩罚参与国1，但出于理性和长远考虑，为了本国和整个莱茵河流域的生态利益，控制污染排放量势在必行，简单的报复性行为不可取。那么，在下一年度的国际部长会议中各国可能会忽略这次违约行为重新谈判，理性使得他们朝前看而淡化以前的错误。

当然，我们更希望各参与国就国际合作治理达成一致，然后积极参与行动，而不再进行无休止的谈判。因此假设不管第一阶段的结果是什么，第二阶段都取折中的妥协方案而不是不合作，则第二轮谈判的支付矩阵加到第一轮谈判中来，会与原来的博弈具有完全相同的纳什均衡。这就意味着第一阶段合作的可能性被破坏了，因此作为可信的威胁和承诺，一旦第一阶段出现偏离合作，第二阶段可供选择的纳什均衡中不能出现（D，D），即不允许再次讨价还价。

如果谈判的次数不限于两轮，而是达到了更多的轮数，情况就发生了变化，重新谈判对参与国来说变得有吸引力了。例如参与国2在第一阶段选择合作，却在第二阶段偏离了合作，那么按照以牙还牙策略从第三阶段起所有参与国都只能获得-8，于是有了重新谈判的动力。出于对自身利益的考虑，即使是信守承诺的国家也可能和背叛者一起从第三阶段起仍然选择合作（C，C）直到最后一阶段选择（D，D），这样对自己是更为有利的。如果真的选择了重新谈判，也就意味着惩罚不再是冷酷的，威胁也就是不可置信地，参与国将不会按照最初达成的均衡与协议行事。

事实上我们可以看到，在这样一个过程中，信守承诺者承担了损失，而背叛者获得了比原来更大的收益，因此可重新谈判的均衡是鼓励参与国的中途背叛。从现实的国际谈判中，我们常常能观察到类似的现象，因为缺乏足够的国际权威与强制力，在共同执行某项协议的过程中即使出现了中途背离，其他国家也无可奈何或采取了默许的态度。因此参与国最初谈判所预期的均衡就应该是防止重新谈判的均衡。防止重新谈判的发生，一个可行的途径就是要做到“赏罚分明”，使得重新谈判的提议得不到其他参与国的响应。当某个参与国在第一阶段采取了不合作，第二阶段就存在相应的策略对该参与国进行惩罚；当双方同时偏离时，也可以协商在第二阶段采取另外的策略作为补偿而不是惩罚。如果在惩罚单独背叛国的同时又给予信守承诺的参与国以奖励，那么信守承诺的国家在第二阶段博弈中就不会追求其他均衡，即不会参与重新谈判。

流域各国政府在莱茵河的治理中起到了主导作用，这些国家或地区为此采取的一切行动都是为了满足其自身利益的需要，而这些满足其自身利益的行动有的就可能破坏河流生态系统（如无节制的排污）。河水具有流动性，流域内某一方危及河流的行为都会给流域内其他相关方造成该国自身利益的减损从而引发争端和纠纷。如果流域内所有国家都是仅仅为了自身利益而忽视其他国家的利益利用河流，不但有可能引起无休止的讨价还价，导致一轮又一轮的重新谈判的展开，还可能会严重地影响到整条河流的生态价值和使用价值。而之所以能较为成功地形成合作，取决于几个因素：（1）流域各国的经济发展状况、工业化程度基本相近，并且有着较为相同的国家利益；（2）参与国数量并不算太多，并且各参与国沟通和交流较为顺畅，政府间合作难度较小；（3）莱茵河与流域各国的本国利益息息相关，治理所带来的收益中本国利益所占的比重很大。

当然，在这个综合国际治理中，也不可忽视各类政府间组织、非政府组织或私人部门的作用。从国际机制来看，围绕莱茵河国际治理有包括《伯尔尼协议》在内的多个国际协议、流域相关国家环境部长会议等一些政府型磋商措施，以保护莱茵河国际委员会为首的数个非政府国际组织，还有化学、煤炭、自来水、啤酒厂等公司，它们共同起到了重要的作用。如“桑多斯事件”以后一些化学公司所捐赠的资金，不仅为提供国际环境公共品带来了有效的资金支持，更传达了一种信息和信心，督促政府进行合作，此时社会效益所带来的收益对于各国政府的意义就比之前要大得多。另外，特别不容忽视的就是ICPR在其中的作用。ICPR没有决策权，但它提供了一个有效的磋商、信息交换及传播的平台，协调各成员国进行监测和研究，指导并报告各种协议的执行情况，为莱茵河国际管理提供了事实依据。ICPR为莱茵河的国际治理和流域国家建立了有效的合作机制，对莱茵河实施了全面管理，综合考虑了经济利益、社会利益和生态利益，将民众的参与作为决策所需要考虑的重要因素，并兼顾莱茵河的多项功能，如航运、工业、防洪、饮用水、灌溉等。另外 ICPR 具有良好的信息传递方式和技术手段，将信息向新闻界及公共事务单位发送，并通过广播、电视向市民及时公布，有效地实现了数据信息共享。

6.4 莱茵河治理中的联盟合作与成本分担

在莱茵河的国际治理中，我们注意到这个案例中的合作相对来说进展比较顺利，具体原因在前文中已经进行了分析。而在治理过程中的许多方面，当各国达成一致开展合作以后，不但涉及收益分配的问题，更涉及成本分摊问题，例如《保护莱茵河防治氯化物污染公约》中规定的，法国减少氯化物排放量所带来的成本，并不是由其单独承担，而是由荷兰、德国与瑞士三国共同分摊。有时候成本分摊的重要性甚至超过利益分配，因为如果参与国即使不会获得收益分配、但其行动成本全部被弥补，那么该国对于是否供给国际公共品的偏好就没有差异，此时可能会出现合作的情况。我们以建设莱茵河的防洪基础设施国际合作为例进行分析。

假设莱茵河流域的几个国家联合防治洪水，建设成本显然与所需要抵御的洪水侵害严重程度有关，能够抵御大规模洪灾的设施必然也能够抵御小规模洪灾，但反之则未必。参与国集合 $N=\{1, 2, \cdots, n\}$，每个国家单独进行治理的成本为 $c_i(i=1, 2, \cdots, n)$，不妨按照参与国支付成本的大小，让其从小到大依次成为参与国 1，2，…，n，并且单独行动的成本 $c_1 \leqslant c_2 \leqslant \cdots \leqslant c_n$，因此总成本也就等于 c_n，很明显合作能够节省各国的成本。如果各国经过谈判达成一致，将对成本进行分摊，对各国均有利；如果谈判破裂，治理成本也未必等于 c_1，c_2，…，c_n，因为某些国家可以形成子联盟进行小规模合作，仍胜过单独行动。

整个治理行动的分摊成本的向量为 $x=(x_1, x_2, \cdots, x_n)$，若 $x \in C(v)$，则：

$$\begin{cases}0\leqslant x_i\leqslant c_i \quad (i=1,\ 2,\ \cdots,\ n)\\ \sum_{i\in S}x_i\leqslant \max\{c_i\}，对于任意 S\in 2^N\setminus\{\emptyset\}\\ x_1+x_2+\cdots+x_n=\max\{c_i\}=c_n\end{cases}$$

满足上面要求的 x 并不唯一。接下来我们计算成本分摊的 Shapley 值。

先计算 i = 1 即最小成本。对于任何排列，参与国 1 恰好排在第一位的排列数为（n - 1）！个，它最先进入该联盟，必然要为所有建设成本买单；如果不是第一位进入的话，则由于前面国家所进行的建设可以满足参与国 1 的要求，此时该国不必再付出成本，其 Shapley 值等于：

$$\emptyset_1=\frac{(n-1)!}{n!}c_1=\frac{c_1}{n}$$

对于参与国 2 而言，如果它最先进入联盟同样需支付所有成本 c_2。当它第二个进入联盟时，只有当先行进入联盟的国家是参与国 1 时，它才不得不支付差额 c_2-c_1，这样的排列共有（n - 2）！种；而当它以第三或更后的顺序进入时，则无需支付成本，因此其 Shapley 值为：

$$\emptyset_2=\frac{c_1}{n}+\frac{(n-2)!}{n!}(c_2-c_1)=\frac{c_1}{n}+\frac{1}{n-1}(c_2-c_1)$$

依次类推，可以计算出国家 i 的 Shapley 值：

$$\emptyset_i=\frac{c_1}{n}+\frac{1}{n-1}(c_2-c_1)+\cdots+\frac{1}{n-k+1}(c_i-c_{i-1})$$

$$=\sum_{i=1}\frac{c_i-c_{i-1}}{n-i+1}$$

其中 $c_0=0$，i = 1，2，…，n。

按照 Shapley 值进行成本分摊，实际上就是以适合原有成本最小的国家在所有 n 个参与国之间进行分摊，然后考虑成本第二小的国家 2 与最小的国家 1 之间的差额（c_2-c_1）在除了国家 1 之外的（n - 1）个国家之间进行分摊；以此类推，将所有成本差额在国家 i 直到国家 n 之间进行平均分摊。同时，原有成本越高的国家承担的费用越高，但总是小于单独行动时的成本。因此我们可以想象，以这种原则提出的分摊方案，是比较容易促进各国进行合作治理的。

当然 Shapley 值仅对国际合作中的成本分摊提出了一种解决思路，在具体情况下各参与国可能会采取不同的措施。尽管未必满足个体理性，也许谈判方案会使得某些参与国放弃暂时的个体利益，但 Shapley 值可以保证大联盟获得最大的效用，也可能因此保证了该国今后的利益。以氯化物的防治过程来看，所有的具体防治行动均交由法国承担，但仅分摊成本的 30%，而荷兰分摊成本的 34%、德国分摊 30%、瑞士分摊 6%，这说明现实中所采取的策略，和前面我们计算所得到的结果是基本吻合的，原来单独行动所付出的治理成本相近的法国、德国与荷兰三国对成本进行了平均分配，而原来治理成本很小的瑞士则只分摊了很少的费用。按照 Shapley 值进行的分摊方案是具有现实适用性的。

6.5 本章小结

本章选取莱茵河国际治理合作这一国际环境公共品案例进行了博弈分析。得出以下结论：

（1）莱茵河治理从不合作最终走向合作，是典型的成功案例。该国际环境公共品由各国政府主导供给，私人部门（公司）、国际组织以及公众的广泛参与也在其中起到了有益的补充。在整个治理历史中，桑多斯事件与“2000 年行动计划”是重要的转折点，而保护莱茵河国际委员会也起到了不容忽视的作用。

（2）莱茵河治理初期存在加权加总博弈，而紧急污染事故会使囚徒困境转化成斗鸡博弈；各参与国的供给数量在纳什均衡下要小于帕累托最优状态，并且这个差距将随着参与国数量的增加而变大。

（3）上游国家和下游国家的利益相关性有所区别，对于行动的积极性不同，因此促进合作的形成必须制定合理的补偿机制或成本分摊机制，Shapley 值提供了一个可能的解决方案。

（4）莱茵河治理涉及国家数较少、各国间经济实力与利益关系接近、治理行动带来的本国收益所占比重较大，这三者是影响合作成功的重要因素。

第7章

结论与建议

7.1 研究结论

通过全书的分析，我们对国际公共品供给问题有了较为清晰的认识。国际公共品的有效供给，是一个复杂的过程，不仅要考虑各国的经济利益，还要协调国际关系，对政治利益、社会利益与生态利益进行权衡，在让渡国家权力的同时维护国家安全、主权完整等，这涉及多个利益主体在多个环节的妥协。立足已有研究，我们在理论研究部分讨论了国际公共品中的非合作博弈与合作博弈，并在实证部分以两个国际环境公共品的案例进行了验证与比较。在此，我们尝试对本书最初提出的几个问题进行回答。

（1）国际公共品由谁提供、如何提供更为有效？

国际公共品的性质与受益范围，决定了由谁来供给更为有效。第一，国际公共品最重要的供给主体是主权国家以及由国家组成的国际组织等，这一方面是因为国际公共品的成本相对于一般物品更为巨大，私人、非政府组织，甚至是许多国家都难以承担；另外一方面也是因为国际公共品存在外部性，并且受益范围较大，如果按照“谁受益谁提供”原则，或者难以明确具体受益的个人与企业或者受益个体数量过多。当然，私人部门与第三部门也能够进行有益的补充，但所占比例较小。第二，国际公共品“加总性质”的不同决定了各相关国家在供给中的地位和扮演的角色不一样。如纯公共品适用线性加总供给技术，由所有相关国共同参与提供，但需注意抑制“搭便车”的动机；“强者供给”型的国际公共品须由贡献量最大或较大国家提供，如高新科技研发课题等，只能由技术最先进的国家攻克，然后实现资源共享，此时若交由其他国家供给只能事半功倍甚至毫无进展。第三，国际公共品的自然属性也决定了由谁提供。如国际环境公共品供给中，污染源是固体废弃物、水体污染还是大气污染，其治理方式就有所差别，而即使同样是气体污染，二氧化碳与硫化物的扩散能力差别较大，前者需要全球共同供给，而后者已由发达工业国家进行了有效控制。同时我们也应注意，在国际公共品的供给过程中，不能一味强调“收益原则”，也要兼顾“能力原则”，因为国与国之间的贫富差距往往比一国之内的情况更为严重，适当按照支付能力进行倾斜有助于更有效地提供国际公共品，而联盟博弈中也同样存在“照顾最弱者”的平均主义解与分配原则。

（2）产生国际公共品供给不足困境的原因是什么？影响合作形成的具体因素又有哪些？

从经济学角度来看，出现国际公共品供给困境的根本原因是收益与成本的不匹配。一方面，国际公共品的供给往往有“最低门槛”的限制，少数国家的努力达不到带来收益的最低水平；另一方面，参与国供给国际公共品的边际收益往往远小于边际成本，各国具有强烈的“搭便车”激励。不同类型的国际公共品所面临的情况不同，走出困境、达成合作的具体要求也就有所差异，但以下这些因素往往在其中起到了比较重要的作用。

参与国数量。奥尔森（1965）[①] 指出，与小集团相比，大集团更难提供集体行动，这是因为随着规模的增加，个人从中分享的收

① Olson, M. The logic of collective action: public goods and the theory of groups [M]. Cambridge, MA, Harvard University Press, 1965.

益将降低。在国际公共品的供给中也是如此，参与国具有个体理性，随着集团中参与国数量的增加，达成合作的可能性进一步降低，这一点在全球气候大会的谈判过程中表现得尤为突出。从博弈数理推导中也可以看到，纳什均衡下的国际公共品供给数量与集体最优的帕累托均衡下的供给数量间的差距，将随着参与国数量的增加变得越来越大。参与国数量的减少，对于影响合作形成的反应速度、谈判成本与周期等方面都会带来有益的影响。但值得注意的是，联盟规模的变大并不一定意味着个体收益减少的情况，如果各参与国在国际公共品供给中的受益程度随参与合作国家的数量增加而提高时，合作反而可能更容易达成。

国际公共品与本国物品收益的比值。在国际公共品的供给中，参与国从国际公共品中获得的收益与从“本国物品”获得的收益的比值增加时①，采取行动的可能性会随之增加，国际合作将得到增进。如全球温室气体减排与莱茵河治理中，参与国从国际公共品中获益程度完全不同，因此参与治理的积极性差别很大。另一个典型案例是酸雨的治理。由于硫化物带来的危害较大，且在大气中不能长距离扩散，因此工业国集中的欧洲深受酸雨侵害。1985 年签署的《赫尔辛基协定》规定，相关参与国要将硫化物排放降低到 1980 年水平的 70%；但仅仅 5 年以后，欧洲国家的平均排放水平已降低到 25%②，远远超过目标。这主要是因为欧洲各国的国家收益的比重相当之高，极大地促进了合作的进展。

参与国利益同质性。参与国彼此间的利益同质程度也会影响国际公共品的供给合作，相近的收入水平、相似的国际公共品偏好，更容易促进参与国之间形成同质性的利益诉求，这也是为什么在国际公共品供给的博弈中，发展中国家与发达国家的矛盾始终最为突

① 如果考虑最极端的情况，某国提供该项国际公共品的所有努力，全部能够转化到本国的具体利益上来，那么该国就会将国际公共品直接视为“本国私人物品”，从而具有极大的激励来积极地采取行动。在这种情况下，即使受益的绝对量并未发生变化，但比例提高，也会带来正向激励。

② Murdoch J C，Sandler T. The voluntary provision of a pure public good：The case of reduced CFC emissions and the Montreal Protocol [J]. Journal of Public Economics，1997，63 (3)：331 -349.

出。如果世界各国在全球变暖中将承受的损失是一样的，如各国都处于海平面，即都在全球变暖中面临着与小岛屿国家联盟相同的危险处境，那么世界气候大会的谈判将不会像现在这样艰难，全球减排放85%的严格目标也很容易得到大多数国家的支持。而受到同样安全问题困扰的“上海五国”迅速团结起来，建立了上海合作组织，旨在打击国际恐怖主义。

参与国的国力差距。参与国综合国力的差异也会影响合作。在弱者供给中，如果参与国之间的贫富差距缩小，那么随着最贫穷国家国民收入的增加，国际公共品的供给量下限就会提高，从而使得其他国家在博弈中同样匹配这个提高的下限量以增加本国的供给水平。相反，如果国家间的贫富差距进一步拉大，该国际公共品供给的“最弱者”，往往也就是最贫穷的国家的供给水平只能离富有国家所期盼的合意供给水平越来越远，除非较富裕国家能给予补贴或直接以国际援助的方式帮助进行供给——这样做的话，实际也是缩小贫富差距。而在强者供给中，如果国家间收入差距进一步拉大，朝着有利于最富裕国家的方向倾斜，那么“最强者”——往往也就是最富裕国家，将会增加国际公共品供给，而其他国家可以享受搭便车的收益，此时收入分配差距变大反而引起合作的增加。从某种意义上来说，收入分配的不公平也可能带来积极影响。但也必须认识到强者供给会带来垄断，产生霸权主义及富国“剥削”穷国的后果。

“领导者”国家。在国际公共品的供给中，“领导者”国家的出现对于合作的形成具有不可忽视的作用，领导者并不一定是“最强国”，但它的行为可以引起其他国家的追随。在莱茵河治理中，受损害最严重的荷兰表现最积极，具有一定的领导国色彩，对合作具有明显促进作用；而温室气体排放中，没有公认的领导国，合作丧失了凝聚力。另外，在臭氧层的保护治理中，由于氯氟烃（CFCs）的最大消费与生产国——美国采取了实质性的行动，率先大幅减少本国产量，从而吸引各国参与签署了《蒙特利尔议定书》，保护臭氧层的国际合作取得了良好的成效。领导者的存在对合作的推进具有重要影响，并且如果该国际公共品具有较大的收入弹性、并需要大规模初始投资，那么富国就更适宜在其中充当“领导者”①。

（3）国际公共品供给中不合作博弈向合作均衡转变的条件与措施是什么？

通过研究，我们认为国际公共品不合作博弈向合作均衡转变的条件至少需要包括以下两点。第一，参与国在博弈中收益与成本的匹配程度至少要改善到能够选择合作策略，以达到合作均衡。各国承担的成本、获得的收益以及因为不合作而承受的额外损失之间的相互关系是影响合作的关键因素。第二，参与国能够形成具有约束力的协议或条款，或具有同等约束力的组织。也就是说，通过事前的某些手段来确保双方信守承诺，这样原来的不合作就能够转变为合作。如常见的讨价还价谈判行为，相当于对非合作博弈进行了一次合作转换，将其转变为合作博弈。

线性加总技术下，尽管可能出现囚徒困境或斗鸡困境，国际合作仍然有望获得成功。相应条件是各国进行充分的“交流”，通过谈判与妥协方式，实现本国的利益诉求，防止因不能沟通而带来的困境，同时，提供该国际公共品的科技水平、成本—收益比例也是至关重要的，直接影响各国的策略选择。

加权加总供给技术下，合作转换的条件要求以国际税收、转移支付或补贴的方式对提供某项国际公共品的努力进行收入再分配，即将资金由权重数值较小的国家重新分配到较大的国家可以有效提高合作水平；或将补贴向从国际公共品中获得更大“本国收益”的国家倾斜，也能促进合作。

强者供给技术下，强国和弱国之间有必要以谈判等方式进行合作，使得弱国不直接参与供给而是将其原本的潜在供给成本全部或部分补偿给强国，以作为其间接参与供给的贡献量，即削弱“弱国”搭便车的动机，而增加“强国”供给国际公共品的激励。

弱者供给技术下，很容易消除“搭便车”的行为从而形成合

① Olson M. Dictatorship, democracy, and development [J]. American Political Science Review, 1993, 87 (3): 567-576.

作。如果两国一开始就处于合作状态之下，那么任何参与国都没有主动偏离的动机，因为从收益来看显然不合算。但也需注意预防参与国的短视行为，否则参与国就可能因短视而拒绝合作，在现实中这种可能性也是客观存在的。

（4）对于已经形成的国际公共品供给合作，如何进行收益分配和成本分摊？维持合作继续进展的条件和措施是什么？

从理论研究和现实分析中可知，合作博弈与非合作博弈的关注焦点并不相同。对于已经形成的合作，参与国更关注收益的分配或成本的分担，即在合作中使本国收益最大化或成本最小化，此时各参与国直接关注于最后结局，而不考虑得到所期待结局过程中的具体细节。在两个参与国的讨价还价中，平均分配可能是一种解决方案，但满足纳什讨价还价解的配置更容易被双方接受，即令两国各自从中获得的收益与其初始状态差值的乘积最大化的分配方案。而对于多国合作的联盟博弈，可能存在多个不同的“合理”分配方式，通过“核”与Shapely值取得的方案尽管存在缺陷，但仍然是较为容易接受的。按照Shapley值构建的分配方案，事实上就是要求按照各国的贡献大小来分配合作的收益，或按照受益程度的高低来分摊成本。而按照“核”的要求，各国参与合作的收益都要比初始状态有所改善，并且这个分配方案要使得大联盟分配给每个成员国的收益，高于任何“小集团”联合起来可能带来的收益，这既是“核”的意义，也是继续维持合作的条件。维持合作的另外一个重要手段，就是要做到“赏罚分明”，对信守承诺的国家进行奖励，同时处罚背叛者。另外，无限重复博弈中，使得贴现率接近于1，即未来收益尽可能接近现期收益，也是使得参与国不会轻易偏离合作的条件，并且一旦出现背叛行为，信守承诺的国家要对背叛国采取惩罚措施才能保证本国利益最大化。

同时，我们也看到，本书中分析的非合作博弈与合作博弈并非简单的对立关系，而是有机结合。利用非合作博弈框架进行分析的最终目的是为了破解困境、预测合作的出现，并提出相关的政策建议。而即使以看似“合作”的方式——如谈判所进行国际公共品供给，其中同样不能排除相关参与国以“不合作”的思维来讨论“合作”的过程。两者仅仅是视角的不同，本书的分析并未将其孤立起来，而是在第3、4章中不断地强调二者的联系与转化。另外，由于在国际合作中往往处于信息不完全、不对称的情况，因而非合作博弈的运用情况可能更多；而不同性质的国际公共品也会影响到合作的难易程度。

7.2 关于中国的思考

对以上四个问题的回答，使我们在国际公共品上的认识更为深刻，也让我们对中国在这个过程中的定位和策略有所思考。第一，中国正处于全面深化改革开放的“攻坚期”，在维护主权的前提下享受国际公共品带来的益处，促进快速稳定发展是首要原则。因此，立足国情，进一步深入研究国际公共品，提出有别于西方的理论，抢占理论的“高地”，具有重要意义。第二，应该立足亚洲，强化区域间的国际公共品供给合作。这是因为周边国家具有利益同质性与相近的国力，并且涉及参与国较少，有利于提高供给效率。第三，积极的参与国际事务，发挥与中国经济实力和地位相匹配的作用，并争取成为国际合作中的“主导国家”，与世界各国一起承担“共同而有区别”的责任，构建和谐世界。最后，还应考虑为未来参与国际公共品的供给设立专项资金或基金，既是满足本国发展的需求，又是承担相应国际责任的要求，为国际公共品筹资提供支持。

正因为中国在未来的国际公共品供给中既占据着重要地位，又有与本国息息相关的切身利益，因而有必要重新审视本国的定位，主动迎接挑战，实现多方面的转变。

（1）中国要实现观念的转变，从被动接受国际公共品供给规则转变为主动倡导。由于各种原因，中国长期以来一直是国际规则的接受者与执行者，并未极力改变欧美等发达国家所倡导的国际制度。然而作为世界大国，中国有能力、更有义务和责任参与到国际公共品供给规则的制定之中，加强与其他国家的合作，特别是充分发挥发展中大国的作用，为塑造良好的国际新秩序起到积极作用。从本文对博弈困境的分析也可以看到，具有一个或多个起到关键作用的“强者”（而不是“霸者”），能够有效地增进国际公共品的效率，并促进合作的产生。

（2）中国要实现角色的转变，从国际事务的旁观者变成积极的参与者。尽管中国在国际公共品与国际合作等方面相对来说属于后来者、旁观者，然而中国必然在不远的将来要实现角色的转换，应努力摆脱因为关起门来发展自己所带来的惯性式“超脱外交”与袖手旁观，而成为有所作为的积极参与者。正如有些学者所说：“中国国际地位的提升，中国国家利益的日益扩展，使中国难以置身国际事务之外、始终坚持不干涉内政原则；‘保护性干预’将成为中国应对不干涉内政原则挑战的必然选择”①。

（3）中国要实现任务的转变，从国际公共品的受益者变为提供者。中国的经济增长奇迹与快速崛起，不仅被世界各国所关注，也引起了中国对自身日益增强的国际影响力的不安，同时中国尚未做好承担相应的国际责任的心理准备。无论是发达国家，还是发展中国家，都期待中国在全球治理与合作中起到更大的作用。因而中国面临任务的转变，要从原有的国际规则与国际公共品的受益者转变为提供者，大国地位在赋予中国威望的同时，也带来了相应的义务。我们应该清醒地认识到，在这个过程中，中国能够更好地争取话语权，并代表发展中国家集团构建更为公平合理的世界新秩序，从而进一步提高本国的影响力，这将形成一个良性循环。

我们可以欣喜地看到，近年来尤其是 2013 年以来，中国开始重视国际公共品的供给与规则制定，在这些方面做出了许多努力。例如，在国际金融公共品领域，亚投行的筹建与成立，就具有重要意

① 杨泽伟．国际社会的民主和法治价值与保护性干预［J］．法律科学，2012（5）．

义。亚洲基础设施投资银行（Asian Infrastructure Investment Bank，AIIB）是在中国政府倡导下筹建的政府间性质的亚洲区域多边开发机构，截止到2015年4月5日已有55个成员国加入，并涵盖了除美国和日本之外的其他主要发达国家。这是首个由中国作为“领导者”身份供给的覆盖范围为全球、并且成员不仅包括大量发展中国家还吸纳了主要发达国家的国际公共品，是中国对自身定位、角色和任务等方面进行转变的一次重大突破，具有重要意义。同样的，“一带一路”既是为中国自身发展，也是为全球经济共同发展所提供的国际公共品。

而在国际环境公共品领域，中国也做出了努力，作为发展中的大国，中国应对国际环境治理的态度是积极的。以进行温室气体减排为例，2014年11月中美两国共同发布《中美气候变化联合声明》，重申加强气候治理合作的重要性，中国计划2030年左右二氧化碳排放达到峰值且将努力早日达峰，并计划到2030年非化石能源占一次能源消费比重提高到20%左右。截至2014年，中国碳排放强度较2005年下降28.5%，相当于在经济发展的同时少排放二氧化碳25亿吨。同时自2011年以来，中国政府累计提供2.7亿元人民币用于帮助发展中国家提高气候治理、适应气候变化的能力。2014年底中国政府颁布《碳排放权交易管理暂行办法》，作为正式适用于全国碳市场的国家层面政策。中国为全球树立了合作承担“共同而有区别的责任”的新典范，为在巴黎大会上达成新协议带来积极影响，为各缔约方增强互相信任、坚定以联合国多边机制实现气候治理产生深远的影响。

总之，国际形势在总体保持稳定的同时又酝酿着重大改变，中国在各方面都面临挑战，其国际影响力与地位不断提升。中国应该充分把握这一历史机遇，更多地贡献出“中国方案”与“中国倡议”，在治理环境污染、建立国际秩序、消弭金融危机、控制疾病蔓延、维护世界和平等问题的过程中积极行动，努力供给国际公共品，主动承担与大国地位相匹配的责任和义务。

7.3 政策建议

在此，我们针对前文分析中遇到的部分问题，以及影响供给合作的因素提出一些政策建议，希望能够破解“困境”。

7.3.1 强化国际合作组织与多边合作协议

当前，国际组织依然是促进国际公共品供给合作的最重要机制之一。大量存在的国际组织，可以促进国家间的合作，协调供给，提供融资渠道。联合国、世界银行、国际货币基金组织、全球气候大会、保护莱茵河委员会等各种国际组织，在各个领域为保证国际公共品的供给都扮演着极为重要的角色。它们能够在一定程度上弥补供给不足甚至是未得到供给的问题，并协调多个国家进行供给行动，以完成原来单个国家无力承担的任务。国际组织的维持主要依靠国家间合作，这些组织无权征税，也不能侵犯国家主权，其经费主要依靠各国缴纳的会费和各种自愿捐献。因此在运用国际组织和多边合作协议对国际公共品进行供给时，需要强化两个方面：一是保证资金来源的多元性、资金的充足性与连续性；二是赋予这些组织和协议一定的强制力，而最为可行的就是以国际硬法的形式来约束相关参与国的行为，“必须以高度的制度化来纠正国家对背叛合作所具有的持续性激励”①，而不能仅依靠不具强制力的自愿承诺。

7.3.2 合理倡导“强者供给”与“领导国”的出现

通过对相关博弈的考察，强者供给与领导国的出现能够有效解决国际公共品供给不足的困境。强者在某些国际公共品的供给

① D. Snidal, Coordination versus prisoners' dilemma: implications for international cooperation and regimes. The American Political Science Review, Vol. 79, 1985, P. 938.

中起着至关重要的作用，没有他们的参与，根本无法进行有效供给。但在这种情况下，一方面要注意削弱“弱国”的搭便车动机，为强者提供合适的成本补偿；另一方面，也要警惕“霸权主义”的国家，不能够让强者借此转变为“霸者”，从而形成垄断，危害世界秩序。另外，也应适当倡导领导者的出现，他们并不一定是“最强者”，但其行为可以引起其他国家的追随，对合作具有明显促进作用。这两种形式，是对纯国际公共品供给方式的有益补充，具有现实意义和可操作性。目前这些角色往往由以美国、日本、欧洲等为代表的发达国家所扮演，但随着金砖国家等发展中国家的崛起，国际公共品供给格局与国际秩序正在发生着变化。

7.3.3 优化国际组织内部结构，并适当控制参与国数量

通过前面的分析我们可以看到，在国际公共品的供给中，参与国的数量并不是越多越好。大集团的内部摩擦成本更高，在纳什均衡下的国际公共品供给数量与集体最优的帕累托均衡下的供给数量间的差距，也往往随着参与国的数量增加而变大。因此，在部分国际公共品的供给中，应该适当控制参与国的数量，这将有利于国际合作的快速达成，减少讨价还价与重新谈判的出现可能性。

除了适当控制参与国的数量以外，优化国际组织的结构也是非常有必要的。要努力选择或提高组织、联盟内部各参与国之间的利益同质性，缩小各参与国的经济、科技等综合国力的差距，促进参与国之间形成同质性的利益诉求，以实现国际合作。另外，在国际公共品的供给中不但要强调收益原则，更要注重公平，强调能力原则，针对各相关参与国的不同国情，从公平正义的原则出发，合理分配收益或分担成本，减少差距与不公。

7.3.4 “赏罚分明”

实现或维持合作的重要手段之一就是“赏罚分明”，特别是在谈判与国际合作协议的执行过程中。所谓的赏罚分明，主要是指选择性激励措施，包括惩罚手段：在国际公共品供给的合作过程中，通过惩罚手段，抵消一国不参加合作得到的与合作得到的收益之间的正差部分，就可以防止该国的“搭便车”行为；奖励手段：如为诱导国家参加合作而提供资金的传统奖励手段，或者是最近提出的新方式——“联合产品”（joint products），即一国参加特定国际公共品供给不仅有助于增加总体供给水平，也会给本国带来私人收益。

采取适当的选择性激励措施可以使各国在进行某些具有私人性质的活动的同时促进国际公共品的供给。如签订国际贸易协定时，可将有关解决全球环境问题的条款放入其中，形成一揽子协议。发达国家在进口农产品时规定的农药残留标准非常严格，虽然这可能是某些利益集团游说的结果，但减少农药使用在客观上有助于保护生态环境。有时随着参加集体行动国家数量的不断增加，对后加入的国家会出现“正反馈”，即其付出的成本不断下降，从而导致边际收益不断增大；或成本不变，但收益提高。在这种情况下“搭便车”与否的收益差距越来越小，这可以视为鼓励进行供给国际公共品的一种“奖励”。

7.3.5 最低门槛技术

前面已提及，最低门槛技术是指只有在提供的国际公共品达到一定数量之后，才对各国产生收益。特别是当即将达到最低门槛限制时，新加入的国家往往会选择参与合作，因为选择不行动，该国也无便车可搭，而采取行动的话，就可使该国际公共品带来收益。在一些国际公共品中，已经运用了最低门槛技术，例如许多国际环境保护条约规定，只有参加国达到一定数量条约方能生效。至于门槛数量到底应如何确定，取决于有效采取公约下的集体行动需要多大的参加国规模。

然而，最低门槛技术也存在两个方面的问题：第一，在门槛数量尚未达到、国际公共品不能带来收益之前，有哪些国家愿意承担“投资风险”，为国际公共产品的提供先期支付成本；第二，即使已经达到门槛数量，国际公共品具有收益，但对后来的国家而言，主导策略仍然是背弃，可能再次出现“搭便车”。

7.3.6 成本分担与补偿机制

成本分担机制、补偿机制在与最低门槛技术配合使用时，能够有效地解决单独使用最低门槛技术所带来的两大问题，破解供给中的博弈困境。增加补偿机制以后，在供给国际公共品的过程中，如果门槛数量未得到满足，该国际公共品就无法带来收益，那么其他国家应给先期投入成本的国家以补偿，从而打消各参与国的后顾之忧，使得合作有可能形成。增加成本分担机制以后，可以解决国际公共品供给中的“搭便车”问题，因为各国无论如何都得为所有采取的行动进行成本的分担，任何国家进行国际公共品供给所获得的收益始终大于不行动时的收益。从博弈论角度来看，就是通过成本分担机制，将集体行动启动后的“囚徒困境”转化为合作博弈。

参考文献

[1] 安东尼·安斯特瓦多道尔等著，张建新等译．区域公共产品：从理论到实践［M］．上海：上海人民出版社，2010.

[2] 保建云．跨国公共产品与跨国俱乐部产品有效供给的经济学分析［J］．经济评论，2007（6）：146－151.

[3] 蔡拓，杨昊．国际公共物品的供给：中国的选择与实践［J］．世界经济与政治，2012（10）：95－115.

[4] 陈洪波，蒋天文．温室气体减排的国际政治博弈［J］．世界经济与政治，2006（10）：58－63.

[5] 陈迎，潘家华，庄贵阳．斯特恩报告及其对后京都谈判的可能影响［J］．气候变化研究进展，2007，3（2）.

[6] 董德利．气候变化的政治经济学述评［J］．经济与管理评论，2012（4）：25－32.

[7] 樊丽明，石绍宾．公共产品供给机制：作用边界变迁及影响因素［J］．当代经济科学，2006（1）：63－68.

[8] 樊丽明，石绍宾．关于国际公共品供给与消费的研究综述［J］．经济学动态，2003（11）：80－83.

[9] 樊勇明．从国际公共产品到区域性公共产品——区域合作理论的新增长点［J］．国际政治经济学，2010（1）：143－152.

[10] 樊勇明．区域性国际公共产品——解析区域合作的另一个理论视点［J］．世界经济与政治，2008（1）：7－13.

[11] 范磊．东盟地区公共产品供给模式与困境分析［J］．南洋问题研究，2013（2）：17－25.

[12] 傅志华、徐航敏．全球公共产品与国际财经合作 [J]．经济研究参考，2005 (36)：29－39.

[13] 甘钧先，余潇枫．全球气候外交论析 [J]．当代亚太，2010 (5)：52－69.

[14] 黄超．中国参与全球治理的理论述评 [J]．国际关系研究，2013 (4)：61－68.

[15] 黄河．结构性权力视野下的跨国公司与国际公共产品 [J]．深圳大学学报（人文社会科学版），2010，27 (1)：53－59.

[16] 黄仁伟．全球经济治理机制变革与金砖国家崛起的新机遇 [J]．国际关系研究，2013 (1)：54－70.

[17] 蒋经法，杨伊．加总技术条件下全球性公共品提供及激励机制设计 [J]．财贸经济，2008 (12)：53－68.

[18] 孔元．多边环境合作问题的阐析与展望——基于“国际公共品”的视角 [J]．西安交通大学学报（社会科学版），2011 (7)：64－69.

[19] 李丽．国际合作、外部性与全球性公共品融资 [J]．经济问题，2009 (1)：12－16.

[20] 李丽．博弈论视角下的全球性公共品供给研究 [J]．经济问题，2013 (11)：44－47.

[21] 李新．国际公共产品供给问题研究述评 [J]．经济学动态，2011 (3)：132－137.

[22] 李依琳．从林达尔均衡看全球性公共产品供给困境及对策 [J]．世界经济与政治，2011 (3)：53－54.

[23] 李增刚．全球公共产品：定义、分类及其供给 [J]．经济评论，2006 (1)：131－141.

[24] 李增刚．全球公共产品供给中的大国角色 [N]．中国社会科学报，2013－09－23 (A07).

[25] 李娟娟，樊丽明．国际公共品供给何以成为可能？——基于亚洲基础设施投资银行的分析 [J]．经济学家，2015 (3)：5－14.

[26] 李娟娟，樊丽明．金砖国家开发银行成立的经济学逻辑——基于国际公共品的视角［J］．中央财经大学学报，2015（5）：1－7.

[27] 李占一．全球气候治理中的国家集团多重博弈研究［J］．湖南大学学报（社会科学版），2015（3）：5－11.

[28] 李占一．合作博弈视角下的国际环境公共品供给：以莱茵河国际治理为例［J］．系统工程，2015（5）：1－5.

[29] 刘昌义．各国参与国际气候合作影响因素的实证分析［J］．世界经济与政治，2012（4）：72－85.

[30] 刘佳奇．莱茵河保护公约的协调机制及其展开［J］．云南大学学报法学版，2012，25（5）：95－101.

[31] 刘蓉，黄洪．公害品问题研究述评［J］．经济学动态，2011（9）：132－138.

[32] 卢光盛．国际公共产品与中国大湄公河次区域国家关系［J］．创新，2011（3）：5－9.

[33] 骆华，费方域．全球气候治理机制的设计及其稳定性［J］．世界经济研究，2012（5）：11－15.

[34] 马建英．从科学到政治全球气候变化问题的政治化［J］．国际论坛，2012，14（6）：7－13.

[35] 庞珣．国际公共产品中集体行动困境的克服［J］．世界经济与政治，2012（7）：24－42.

[36] 平新乔．全球性公共品（GPG）及其我们的对策（上）［J］．涉外税务，2002（10）：12－17.

[37] 平新乔．全球性公共品（GPG）及其我们的对策（下）［J］．涉外税务，2002（13）：27－32.

[38] 潘家华，庄贵阳，郑艳等．低碳经济的概念辨识及核心要素分析［J］．国际经济评论，2010，4：88－101.

[39] 王国清，肖育才．全球公共产品供给的学术轨迹及其下一步［J］．改革，2012（3）：138－144.

[40] 王双．国际公共产品与中国软实力［J］．世界经济与政

治论坛，2011（7）：15－28.

［41］王同生. 莱茵河的水资源保护和流域治理［J］. 水资源保护，2012（4）：60－62.

［42］王卓宇. 气候变化全球治理的处境、困境与路径［J］. 经济研究导刊，2011（19）：211－214.

［43］吴宇. 全球环境公共产品的管理及其对环境法发展的影响［J］. 西部法学评论，2011（4）：17－20.

［44］武力超，陈熙龙. 公共物品供给的全球向度［J］. 山东经济，2011（4）：23－28.

［45］席艳乐，李新. 国际公共产品供给的政治经济学——兼论中国参与国际公共产品供给的战略选择［J］. 宏观经济研究，2011（10）：67－72.

［46］肖育才，谢芬. 全球公共产品供给的困境与激励［J］. 税务与经济，2013（3）：7－13.

［47］肖育才，谢芬. 全球公共产品融资：基于国际公共财政的视角［J］. 经济体制改革，2012（5）：138－142.

［48］谢来辉. 领导者作用与全球气候治理的发展［J］. 太平洋学报，2012，20（1）：83－92.

［49］徐崇利. 国际公共产品理论与国际法原理［J］. 国际关系与国际法学刊，2012，2（11）：3－49.

［50］徐航敏. 全球公共产品：演进的公共产品理论［J］. 地方财政研究，2007（4）：2－27.

［51］徐进，刘畅. 中国学者关于全球治理的研究［J］. 国际政治科学，2013（1）：89－118.

［52］徐增辉. 全球公共产品供应现状及我国的策略［J］. 山东社会科学，2008（6）：117－120.

［53］徐增辉. 全球公共产品及其供应模式分析［J］. 经济学家，2009（10）：103－104.

［54］杨富强，昂莉.《京都议定书》的泥泞前途［J］. 绿色中国，2011（15）：20－25.

[55] 杨泽伟. 国际社会的民主和法治价值与保护性干预 [J]. 法律科学, 2012 (5).

[56] 姚大庆. 全球公共危机的全球治理——基于全球性公共产品的考察 [J]. 国际关系研究, 2009 (2): 1-11.

[57] 姚筱郁. 从莱茵河成功治理中得到的几点启示 [J]. 河北水利, 2011 (7): 38.

[58] 于世海, 王洪国. 跨国公司发展与环境保护协同策略研究 [J]. 当代经济, 2008 (13): 88-89.

[59] 张海滨. 中国在国际气候变化谈判中的立场: 连续性与变化及其原因探析 [J]. 世界经济与政治, 2006 (10): 36-43.

[60] 张茗. "全球公地" 安全治理与中国的选择 [J]. 现代国际关系, 2012 (5): 22-28.

[61] 张维迎. 博弈论与信息经济学 [M]. 上海: 上海人民出版社, 1996.

[62] 周刚炎. 莱茵河流域管理的经验和启示 [J]. 水利水电快报, 2007, 28 (5): 28-31.

[63] 周茂荣, 聂文星. 国外关于世界环境组织的研究 [J]. 国外社会科学, 2004 (1): 36-41.

[64] 周宇琼. 从东亚地区国际公共品的提供看东亚地区化 [J]. 经济研究导刊, 2011 (17): 213-214.

[65] 周洲, 丰景春等. 国际河流信息合作机制及其对中国的启示 [J]. 资源科学, 2013, 35 (6): 1238-1244.

[66] Abul Naga R H, Jones P. Better to give than to receive? Altruistic provision of a global publicgood [J]. Economics Letters, 2012, 115 (3): 480-483.

[67] Aggarwal V K, Dupont C. Collaboration and coordination in the global politicaleconomy [J]. Global Political Economy, 2008: 28-49.

[68] Anand P B. Financing the provision of global public goods [J]. The World Economy, 2004, 27 (2): 215-237.

[69] Arce M D G, Sandler T. Transnational public goods: strategies andinstitutions [J]. European Journal of Political Economy, 2001, 17 (3): 493 -516.

[70] Arriagada R, Perrings C. Paying for international environmental publicgoods [J]. Ambio, 2011, 40 (7): 798 -806.

[71] Barrett S. Why cooperate: the incentive to supply global public goods [M]. Oxford University Press, 2007.

[72] Binger A. Global public goods and potential mechanisms for financing availability [J]. United Nations Committee for Development Policy Background Paper. www. un. org/esa/analysis/devplan/al_binger. pdf, 2003.

[73] Blackwell C, McKee M. Only for my own neighborhood? Preferences and voluntary provision of local and global public goods [J]. Journal of Economic Behavior & Organization, 2003, 52 (1): 115 - 131.

[74] Bloom D E, Murshed S M. Globalization, global public bads, rising criminal activity and growth [R]. WIDER Discussion Papers//World Institute for Development Economics (UNU - WIDER), 2001.

[75] Boadway R, Hayashi M. Country size and the voluntary provision of international publicgoods [J]. European Journal of Political Economy, 1999, 15 (4): 619 -638.

[76] Boucher V, Bramoullé Y. Providing global public goods underuncertainty [J]. Journal of Public Economics, 2010, 94 (9): 591 - 603.

[77] Caplan A J, Ellis C J, Silva E C D. Winners and losers in a world with global warming: noncooperation, altruism, and social welfare [J]. Journal of Environmental Economics and Management, 1999, 37 (3): 256 -271.

[78] Carraro C, Siniscalco D. International Institutions and Envi-

ronmental Policy: International environmental agreements: Incentives and political economy [J]. European economic review, 1998, 42 (3): 561-572.

[79] Chamberlin, J. Provision of collective goods as a function of group size [J]. American Political Science Association, Vol. 68, No. 2, pp. 707-716.

[80] Congleton R D. Political institutions and pollution control [J]. The review of economics and statistics, 1992: 412-421.

[81] Cook L D, Sachs J. Regional public goods in international assistance [J]. Kaul et al, Global public goods: international cooperation in the 21st century, 1999: 436-449.

[82] Cornes R, Hartley R. Weak links, good shots and other public good games: Building on BBV [J]. Journal of Public Economics, 2007, 91 (9): 1684-1707.

[83] Cornes R. Global public goods and commons: theoretical challenges for a changingworld [J]. International Tax and Public Finance, 2008, 15 (4): 353-359.

[84] Cornes R. The theory of externalities, public goods, and clubgoods [M]. Cambridge University Press, 1996.

[85] Cramton P, Stoft S. Price is a better climate commitment [J]. The Economists' Voice, 2010, 7 (1): 1-7.

[86] Daniel G. Arce M., Sandler T. Regional Public Goods: Typologies, Provision, Financing and Development Assistance [M]. EGDI, Expert Group on Development Issues, 2002.

[87] De Vos M G, Janssen P H M, Kok M T J, et al. Formalizing knowledge on international environmental regimes: a first step towards integrating political science in integrated assessments of global environmental change [J]. Environmental Modelling & Software, 2013, 44: 101-112.

[88] Dulbecco P, Laporte B. How can the security of international

trade be financed in developing countries? A global public good Approach [J]. World Development, 2005, 33 (8): 1201 -1214.

[89] D. Snidal, Coordination versus prisoners' dilemma: implications for international cooperation and regimes. The American Political Science Review, 1985 (79): 938.

[90] Enders W, Sandler T. The political economy ofterrorism [M]. Cambridge University Press, 2006.

[91] Finus M, Pintassilgo P. The role of uncertainty and learning for the success of international climateagreements [J]. 2009.

[92] Finus M. Game theoretic research on the design of international environmental agreements: Insights, critical remarks, and futurechallenges [J]. International Review of Environmental and Resource Economics, 2008, 2 (1): 29 -67.

[93] Gardiner R, Le Goulven K. Sustaining Our Global Public-Goods [J]. Economic Briefing, 2001 (3).

[94] Gilpin R, Gilpin J M. The political economy of international-relations [M]. Princeton: Princeton University Press, 1987.

[95] Hardin R. Collective action. Baltimore [M]. MD: Johns Hopkins University Press. 1982.

[96] Hardin R. Tragedy of theCommons. Science [J]. Vol. 162, No. 3859, 1968, pp. 1243 -1248.

[97] Hirshleifer J. From weakest-link to best-shot: The voluntary provision of publicgoods [J]. Public Choice, 1983, 41 (3): 371 - 386.

[98] Hofstadter D R. Computer tournaments of the prisoners dilemma suggest how cooperation evolves [J]. Scientific American, 1983, 248 (5): 16 -23.

[99] Ihori T. International public goods and contribution productivity differentials [J]. Journal of Public Economics, 1996, 61 (1): 139 - 154.

[100] International public goods: Incentives, measurement, andfinancing [M]. World Bank Publications, 2002.

[101] International regimes [M]. Cornell University Press, 1983.

[102] Kapur D. The common pool dilemma of global public goods: lessons from the world banks. Net Income and Reserves [J]. World Development, 2002, 30 (3): 337 –354.

[103] Kaul I, Conceicao P, Le Goulven K, et al. Providing global public goods: managing globalization [M]. Oxford University Press, 2003.

[104] Kaul I, Grunberg I, Stern M A. Defining global publicgoods [J]. Global public goods: international cooperation in the 21st century, 1999: 2 –19.

[105] Kelleher D. Global public goods: international cooperation in the 21st century [J]. International Review of Public Administration, 2000, 5 (2): 153 –156.

[106] Kempf H, Rossignol S. National politics and internationalagreements [J]. Journal of Public Economics, 2013, 100: 93 –105.

[107] Ketels C H M, Memedovic O. From clusters to cluster-based economic development [J]. International journal of technological learning, innovation and development, 2008, 1 (3): 375 –392.

[108] Kim J, Shim S. Incentive mechanisms for international public goods under uncertainty of productioncosts [J]. Economics Letters, 2006, 92 (3): 311 –316.

[109] Kindleberger C P. International public good without international government [J]. American economic review, 1986, 76 (1): 1 –13.

[110] Kindleberger C P. The world in depression, 1929 –1939 [M]. University of California Press, 1986.

[111] Lei V, Tucker S, Vesely F. Foreign aid and weakest-link international public goods: An experimentalstudy [J]. European Eco-

nomic Review, 2007, 51 (3): 599 – 623.

[112] Levaggi R. From local to global public goods: How should externalities be represented? [J]. Economic Modelling, 2010, 27 (5): 1040 – 1042.

[113] Li Q, Reuveny R. Democracy and environmental degradation [J]. International studies quarterly, 2006, 50 (4): 935 – 956.

[114] Long D, Woolley F. Global public goods: Critique of a UNdiscourse [J]. Global Governance: A Review of Multilateralism and International Organizations, 2009, 15 (1): 107 – 122.

[115] Mantzavinos C, North D C, Shariq S. Learning, institutions, and economic performance [J]. Perspectives on politics, 2004, 2 (01): 75 – 84.

[116] Martin L L. The rational state choice ofmultilateralism [J]. Multilateralism Matters: The Theory and Praxis of an Institutional Form, 1993 (91): 101.

[117] Mendez R P. International public finance: a new perspective on globalrelations [J]. OUP Catalogue, 1992.

[118] Midlarsky M I. Democracy and Islam: Implications for civilizational conflict and the democraticpeace [J]. International Studies Quarterly, 1998, 42 (3): 485 – 511.

[119] Morath F. Strategic information acquisition and the mitigation of globalwarming [J]. Journal of Environmental Economics and Management, 2010, 59 (2): 206 – 217.

[120] Morrissey O, Te Velde D and Hewitt A. Defining international public goods: conceptual issues [A]. In Ferroni MA and Mody A (eds.). International public goods: incentives, measurement and financing [C]. Washington D. C. Kluwer Academic Publishers and World Bank, 2002: 31 – 46.

[121] Moxnes E, Van der Heijden E. The effect of leadership in a public badexperiment [J]. Journal of Conflict Resolution, 2003, 47

(6): 773 – 795.

[122] Mueller D. Public choice [M]. Cambridge: Cambridge University Press, 1979.

[123] Murdoch J C, Sandler T. The voluntary provision of a pure public good: The case of reduced CFC emissions and the MontrealProtocol [J]. Journal of Public Economics, 1997, 63 (3): 331 – 349.

[124] Neumayer E. Do democracies exhibit stronger international environmental commitment? A cross-countryanalysis [J]. Journal of peace research, 2002, 39 (2): 139 – 164.

[125] Oliver P E. Formal models of collectiveaction [J]. Annual Review of Sociology, 1993, 19 (1): 271 – 300.

[126] Oliver P. Selective Incentives in an Apex Game An Experiment in CoalitionFormation [J]. Journal of Conflict Resolution, 1980, 24 (1): 113 – 141.

[127] Olson Jr M, Zeckhauser R. Collective goods, comparative advantage, and allianceefficiency [M]. Issues in Defense Economics. NBER, 1967: 25 – 64.

[128] Olson M, Olson M. The logic of collective action: public goods and the theory ofgroups [M]. Harvard University Press, 2009.

[129] Olson M, Zeckhauser R. An economic theory ofalliances [J]. The Review of Economics and Statistics, 1966: 266 – 279.

[130] Olson M. Dictatorship, Democracy, andDevelopment [J]. American Political Science Review, 1993, 87 (3): 567 – 576.

[131] Olson M. Increasing the incentives for internationalcooperation [J]. International Organization, 1971, 25 (4): 866 – 874.

[132] Olson M. T. Economic growth, stagflation, and social rigidities [J]. 1982.

[133] Ostrom E. Governing the commons: The evolution of institutions for collectiveaction [M]. Cambridge university press, 1990.

[134] Palfrey T R, Rosenthal H. Participation and the provision of

discrete public goods: a strategicanalysis [J]. Journal of public Economics, 1984, 24 (2): 171 - 193.

[135] Pigou, A. C.. The Economics of Welfare, Maclillan, London, Forth Edition. 1932

[136] Potters J, Suetens S. Cooperation in experimental games of strategic complements andsubstitutes [J]. The Review of Economic Studies, 2009, 76 (3): 1125 - 1147.

[137] Russett B M, Sullivan J D. Collective goods and internationalorganization [J]. International Organization, 1971, 25 (4): 845 - 65.

[138] Samuelson P A. The pure theory of publicexpenditure [J]. The review of economics and statistics, 1954: 387 - 389.

[139] Sandler T, Gaibulloev K. Domestic versus transnational terrorism: Data, decomposition, anddynamics [J]. Journal of Peace Research, 2011, 48 (3): 319 - 337.

[140] Sandler T, Hartley K. Economics of alliances: The lessons for collectiveaction [J]. Journal of economic literature, 2001: 869 - 896.

[141] Sandler T. Collective action: Theory andapplications [J]. 1992.

[142] Sandler T. Financing international publicgoods [M]. International Public Goods. Springer US, 2002: 81 - 117.

[143] Sandler T. Global and regional public goods: a prognosis for collectiveaction [J]. Fiscal Studies, 1998, 19 (3): 221 - 247.

[144] Sandler T. Global challenges: an approach to environmental, political, and economicproblems [M]. Cambridge University Press, 1997.

[145] Sandler T. Global collectiveaction [M]. Cambridge University Press, 2004.

[146] Sandler T. Pure public goods versus commons: benefit-cost duality [J]. Land Economics, 2003, 79 (3): 355 - 368.

[147] Sandler T. Regional public goods and internationalorganizations [J]. The Review of International Organizations, 2006, 1 (1): 5 - 25.

[148] Sandler T. The theory and structures of international political economy [M]. Westview Press, 1980.

[149] Sandnes H. Calculated Budgets for Airborne Acidifying Components in Europe, 1985, 1987, 1988, 1989, 1990 and 1991 + Corrigendum to Appendix C [M]. Norwegian Meteorological Institute. Meteorological Synthesizing Centre-West, 1993.

[150] Schaller, T. (2008). http: //www. democracyjournal. org/pdf/7/056 - 068. Schaller. pdf.

[151] Siqueira K, Sandler T. Collective Goods, Common Agency, and Third-Party Intervention [J]. Bulletin of economic Research, 2004, 56 (1): 1 - 20.

[152] Soubeyran A. R&D spillovers and location choice under Cournotrivalry [J]. Pacific Economic Review, 1998, 3 (2): 105 - 119.

[153] Stiglitz J E. The theory of international public goods and the architecture of internationalorganizations [M]. Department for Economic and Social Information and Policy Analysis, United Nations, 1995.

[154] Sylvia I, Karlsson-Vinkhuyzen. Nigel Jollands and Staudt L. Global governance for sustainable energy: the contribution of a global public goods approach [J]. Ecological Economics, 2012 (83): 11 - 18.

[155] Tamai T. Public goods provision, redistributive taxation, and wealthaccumulation [J]. Journal of Public Economics, 2010, 94 (11): 1067 - 1072.

[156] Tucker A W. A two-persondilemma [J]. Readings in games and information, 1950: 7 - 8.

[157] Vicary S, Sandler T. Weakest-link public goods: Giving in-kind or transferringmoney [J]. European Economic Review, 2002, 46 (8): 1501 - 1520.

[158] Yoshihara, N. (2005). Fundamental incompatibility among economic efficiency, intergenerational equity, and sustainability. http://www.ier.hit-u.ac.jp/yosihara.

[159] Zhang J, Swartz B C. Public diplomacy to promote Global Public Goods (GPG): Conceptual expansion, ethical grounds, andrhetoric [J]. Public Relations Review, 2009, 35 (4): 382 - 387.